INHALT

GEGENÜBER: *Das Löwentor ist das Haupttor der antiken Stadt Mykene. Es stammt aus der Mitte des 13. Jahrhunderts v. Chr.*

EINLEITUNG

Troja ist wohl die berühmteste Stadt aller Zeiten, das Epos über den Trojanischen Krieg wohl das größte Heldengedicht aller Zeiten. Es hält die zehnjährige Belagerung der Griechen und das Kämpfen, die Verwüstung und das Sterben vor Trojas Mauern bis heute lebendig.

Den Fall von Troja beschreibt nicht Homer, der Autor der *Ilias,* des Epos über den Krieg, sondern der römische Dichter Vergil. In seiner *Aeneis* schildert der trojanische Prinz Aeneas den schrecklichen Untergang Trojas durch den Betrug mit dem Trojanischen Pferd und wie die Griechen Troja mit Feuer und Schwert auslöschten. Niemand wurde verschont, auch nicht Kinder, Frauen und Alte:

Pyrrhos dringt heran mit der Kraft, die vom Vater er erbte; die Riegel halten, die Wachen ihn nicht; schon wankt das Portal von des Widders häufigem Stoß, aus der Angel gesprengt hinstürzen die Pfosten. Kraft schafft Bahn. Es bricht sich den Weg der Achaier und mordet, die ihm zunächst, dringt ein – und der Raum füllt rings sich mit Kriegern. Also stürzt nicht der schäumende Strom, wenn den Damm er zerbrechend austrat und mit des Strudels Gewalt durch die schützenden Deiche siegreich drang. – Vergil, *Aeneis*, Buch II.

Die legendäre Stadt Troja, einst ein prächtiges, kultiviertes Handelszentrum, wurde im 13. Jahrhundert v. Chr. zerstört.

GEGENÜBER: *Der Fall von Troja auf den Bronzetüren des Castel Nuovo in Neapel aus dem 15. Jahrhundert*

Eine Version der Einnahme von Troja durch die Mykener zeigt dieses Gemälde von Jean Maublanc aus dem 17. Jahrhundert.

Noch Jahrhunderte später waren die Ruinen dieser Stadt unter dem Geheimnis ihres Schicksals begraben. Kaum ein Grabungsplatz war komplizierter als der Hisarlık Tepe in der Türkei. An der Stelle, wo Homers Troja stand, wie Experten einhellig meinen, liegen nicht eine, sondern neun Städte begraben. Der Hügel enthält Skelette, Haufen von Wurfgeschossen und Spuren von Feuer und gewaltsamer Zerstörung. Troja war eine Stadt, die sich zu verteidigen verstand, wurde aber letztlich überrannt. Sind die Geschichten von Homer und Vergil wahr?

Archäologen versuchten zu beweisen, dass Griechen zur Stadt kamen, um Helena zurückzuholen, die entführte Frau des Menelaos von Sparta. Doch Trojas Mauern hielten stand und die Griechen belagerten die Stadt zehn Jahre, bevor sie sie durch List einnahmen. Helena, Sklaven, Plünderung und Rache waren der Preis.

Als Erster grub im 19. Jahrhundert der Millionär Heinrich Schliemann nach der Wahrheit. Schliemann war ein Fantast, der Befunde fälschte, damit sie zum Mythos Troja passten. Sein Vorgehen am

Grabungsort war brutal. Voller Eifer, die Stadt zu entdecken, legte Schliemann einen tiefen Graben mitten durch den Hisarlık Tepe, mit dem er zahllose Befunde zerstörte. Der Hobbyarchäologe war jedoch teilweise rehabilitiert, als er in Mykene die Gräber der Kriegerkönige entdeckte, die Mykene regiert und Troja erobert hatten.

Korinthischer Bronzehelm von etwa 500 v. Chr.

Ruhm und Reichtum

Die Helden der *Ilias* lebten in einem heroischen Zeitalter, als die Supermächte der Bronzezeit von kriegshungrigen Adeligen geführt wurden, die nach Ruhm und Reichtum strebten. Homer beschreibt Komplikationen dieser Kriegernorm: den störrischen Agamemnon, den Anführer der Griechen; den Feigling, der den ganzen Ärger ausgelöst hatte, den Prinzen Paris; und natürlich Hektor und Achill, die überragenden Krieger, zum Sterben verdammt.

Niemand kam Achill im Kampf gleich, doch sein Zorn und seine Ichbezogenheit kosteten „zahllosen" Griechen das Leben. Achill hört auf zu kämpfen, als ihm sein Anführer Agamemnon die Briseis wegnimmt, eine Sklavin, die er im Kampf gewonnen hatte. Er schmollt in seinem Zelt, während die Griechen abgeschlachtet werden. Der Einsatz von Frauen als Ware ist eines der zentralen Motive von Troja; die Mitnahme von Sklavinnen als Kriegsbeute war die Realität der Kriege der Bronzezeit.

Die großen mykenischen Stadtstaaten waren völlig von der Arbeitskraft von Sklaven abhängig. Mykenische Krieger waren plündernde Räuber, die Siedlungen in der Ägäis angriffen und Gefangene als Sklaven mitnahmen. Reiche Beute wurde für das Leben der Adeligen in den Palästen gebraucht; „Städteverwüster" war ein Ehrentitel. Tafeln aus dem Palast von Pylos listen Hunderte Frauen auf, die von der anatolischen Küste entführt wurden. Manche Forscher stellten die Frage, ob die Helena der Ilias nur eine Metapher für die vielen Sklavinnen aus Troja war.

Um Achill wieder zur Teilnahme an der Belagerung von Troja zu bewegen, bietet Agamemnon ihm zwanzig Trojanerinnen an, „die nach Helena dort … prangen an Schönheit". Doch wie groß Achills Interesse an weiblichen Sexsklaven war, ist fraglich. Erst der Tod seines geliebten Patroklos in der Schlacht bewegt Achill, den Kampf wieder aufzunehmen. Als er hört, dass Patroklos erschlagen wurde, heult er untröstlich und wirft sich über den Leichnam. Diese Geste war gewöhnlich den Frauen Gefallener vorbehalten, und viele Griechen glaubten, dass Achill und Patroklos nicht nur Waffenbrüder, sondern auch ein Liebespaar waren.

Männliche Liebespaare

Im antiken Griechenland gab es eine lange Tradition männlicher Homosexualität. Manche Stadtstaaten kultivierten eine institutionalisierte Form der Päderastie, der sexuellen Beziehung zwischen Männern und Knaben. Die Heilige Schar Thebens war eine Eliteeinheit aus männlichen Liebespaaren; der griechische Historiker Plutarch war ein großer Verfechter der Effizienz dieses Modells im Kampf.

DIE HEILIGE SCHAR THEBENS WAR EINE GROSSARTIGE ELITE-EINHEIT NUR AUS MÄNNLICHEN LIEBESPAAREN.

In blindem Zorn stürmt Achill los, um den Tod des Patroklos zu rächen – wildes Schlachten, das mit dem Tod des trojanischen Prinzen Hektor endet. Achill durchbohrt Hektors Fersen, sodass er dessen Leiche mit dem Wagen um die Mauern Trojas schleifen kann – ein typisches Beispiel für die Brutalität der *Ilias*. Homer ist ein Meister literarischer Gewalt. Seine Krieger werden bildhaft verkrüppelt und erschlagen, ihre Schädel gespalten, Augäpfel springen heraus, ihre Zähne von Speeren zermalmt und ihre Schädel rollen im Staub, „noch sprechend". Doch neben der Brutalität herrscht Pathos: Jeder gefallene Krieger erhält einen Namen und einen Lebenslauf. Der entsetzliche Preis des Krieges an menschlichem Leben wird nie vergessen.

In der realen Weltgeschichte allerdings blieben all jene, die beim großen Zusammenbruch der Bronzezeit starben, gesichts- und namenlos. Damals wurden die großen Stadtstaaten des Mittelmeeres und des Nahen Ostens von Erdbeben, Hungersnöten und Barbaren angegriffen. Am Ende der folgenden dunklen Jahrhunderte waren Handelsbeziehungen, Diplomatie und die Fähigkeit zu lesen untergegangen. Als die Griechen wieder aus dem Dunkel hervorkamen, mussten sie sich selbst und ihr Alphabet neu erfinden. Ein großer griechischer Dichter verwendete es vielleicht zur Schaffung der *Ilias*. Und mit ihr wurden die Geschichten von Troja Geschichte.

Charaktere rund um Troja

Die Hauptpersonen der *Ilias*, der *Odyssee* und der *Aeneis* sind auch in diesem Buch wichtig. Hier werden sie vorgestellt:

Die Griechen

Achill – Sohn der Göttin Thetis und der größte griechische Krieger. Er erschlägt den trojanischen Helden Hektor, nachdem er einen Großteil des Krieges geschmollt hat.

Agamemnon – König von Mykene und Anführer der Griechen. Wegen seines Ego-Konflikts mit Achill verliert er fast den Krieg.

Helena – Prinzessin von Sparta, Tochter des Zeus und schönste Frau der Welt. Ihre Entführung führt zum Trojanischen Krieg.

Patroklos – Achills engster Waffenbruder und vermutlich Geliebter. Sein Tod löst Achills Rückkehr in den Kampf aus.

Menelaos – Helenas Ehemann und Agamemnons Bruder. Ein Motiv für den Trojanischen Krieg ist die Rettung von Menelaos' Ehre.

Odysseus – König von Ithaka und Erbauer des Trojanischen Pferdes. Er ist der Held der Odyssee, der Fortsetzung der Ilias. Sie schildert seine Irrfahrten auf dem Heimweg nach dem Fall von Troja.

Die Trojaner

Hektor – Im Kampf nur Achill unterlegen. Hektor ist der Sohn des Trojanerkönigs Priamos.

Priamos – König der sagenhaften Stadt. Priamos ist wegen der Torheit seines Sohnes Paris zum Sterben verdammt.

Paris – Eitel und feige. Ein Womanizer, der das Schlafzimmer dem Schlachtfeld vorzieht.

Aeneas – Krieger und Anführer der Überlebenden von Troja. Sagenhafter Begründer der römischen Kultur.

Die Götter

Zeus – König der Götter, erst aufseiten der Trojaner. Nach einem Abkommen mit seiner Frau Hera wechselt er die Seite.

Hera – Frau von Zeus. Hasst die Trojaner, seit Paris Aphrodite und nicht sie selbst zur Siegerin eines Schönheitswettbewerbs erklärt hat.

Apollon – Sohn des Zeus. Aufseiten der Trojaner. Er bringt die Pest über die Griechen, weil sie seinen Priester Chryses schmähten.

Athena – Tochter des Zeus. Aufseiten der Griechen. Mit einem Trick sorgt sie auf Geheiß des Zeus für eine Wiederaufnahme der Kämpfe nach dem Waffenstillstand.

Aphrodite – Göttin der Liebe. Aufseiten der Trojaner. Aphrodite bietet Paris Helena an.

Kapitel 1

Die Stadt Troja

Troja beschäftigt seit 3000 Jahren die Fantasie der Welt. Es gibt keine berühmteren Geschichten als jene von Achill und Agamemnon, dem Trojanischen Pferd, der großartigen Stadt selbst und der schönen Helena, deren Entführung durch den Trojaner Paris den Krieg auslöste.

Troja oder Ilium, wie die Stadt lateinisch heißt, wird bei Homer als Stadt von großartiger Pracht und Kultur geschildert. Gestützt durch gigantische Kalksteinmauern und Türme, sitzt Troja hoch auf ihrem Felsen wie ein gefasster Juwel, ein Leuchtturm an der Küste, der die windgepeitschte anatolische Ebene und das dunkle Gewoge der Ägäis überstrahlt.

In diese Stadt wird Helena – freiwillig, als verführte Frau, oder gewaltsam – von Paris gebracht, dem Sohn des Königs Priamos von Troja. Dieser Angriff auf die Ehre ihres Mannes, des Königs Menelaos, löst die massive griechische Expedition an die Küsten Trojas aus. Doch als sich die Belagerung zehn Jahre hinzieht, droht die Koalition der Griechen zu zerfallen. Die Helden knurren sich an und streiten um die Beute – aus diesem Krieg und früheren.

Für viele Krieger ist die Beute das Wichtigste an diesem Kriegszug, sein Ziel aber fraglich. Mit der Zeit wird das Leben der einfachen Soldaten in ihren behelfsmäßigen Hütten am Strand armselig. Tagsüber sind sie in einer Pattsituation aus Angriff und Rückzug auf der Ebene vor ihnen gebunden. Nachts schlafen sie auf Lagern aus Tierhäuten, während wilde Hunde die Leichen der Gefallenen fressen. Das Schlachtfeld wird eine finstere Wüstenei aus Leichen, herrenlosen Waffen und schwarzem Blut. Hinter den griechischen Soldaten stehen ihre Schiffe, bereit, sie nach Hause zu ihren Familien zu tragen – sofern Segel und Holz nicht längst verrottet sind.

Innere Spaltung

Während die griechischen Soldaten meist loyal und anonym bleiben, sind ihre berühmten Anführer tödlich zerstritten. Zu Beginn der *Ilias* streitet der oberste Heerführer der Griechen, König Agamemnon

GEGENÜBER: *Die antiken Ruinen von Troja, ausgegraben aus dem Hisarlik-Tepe-Hügel in der heutigen Türkei*

Diese künstlerische Darstellung von Troja in der Bronzezeit legt nahe, dass ein Sturmangriff auf die hohen Mauern der Stadt als Strategie unrealistisch wäre.

Dieses Mosaik aus der römischen Stadt Pompeji zeigt den Streit zwischen Achill und Agamemnon aus der Ilias.

von Mykene, heftig mit dem größten griechischen Krieger, Achill, über eine Frau, die Achill als Kriegsbeute zugesprochen worden war.

Der Streit zwischen den beiden Helden wird rasch heftig, persönlich und würdelos. Achill wirft Agamemnon Gier und Feigheit vor, schimpft ihn einen „Trunkenbold, mit dem hündischen Blick und dem Mute des Hirsches“, und wirft ihm vor, mehr an Beute als am Kampf interessiert zu sein – nach den Regeln des Ehrenkodex der Krieger eine tödliche Beleidigung.

Agamemnon wirft Achill Arroganz und Aufwiegelei vor und fordert ihn auf abzureisen. „Ganz verhasst mir bist du vor allen beseligten Herrschern! Stets doch hast du den Zank nur geliebt … Schiffe denn heim, du selbst mit den Deinigen.“

Während Ärger und Unsicherheit steigen, sitzt ihre vermeintliche Beute, Helena, geschützt in der hohen Burg von Troja. Sie webt eine purpurne Decke, die die Geschichte erzählt, die zu ihren Ehren aufgeführt wird. Die prächtige Stadt wird in scharfen Kontrast zu den armseligen improvisierten Lagern der griechischen Soldaten gesetzt. Troja ist ruhig, stabil und beschäftigt sich mit Familienleben, auch während des Krieges. In der Stadt gibt es auch nach zehn Jahren Luxus, Bequemlichkeiten und Vorräte genug, um den Göttern zwölf junge Kühe zu opfern. Außen zeigen die Stadtmauern keine Spuren von Beschädigungen. In der *Ilias* heißt es:

„Den schönen Palast des Priamos … der mit gehauenen Hallen geschmückt war: aber im Innern waren fünfzig Gemächer aus schön geglättetem Marmor, dicht aneinandergebaut; es ruheten drinnen des Königs Priamos Söhn' umher, mit blühenden Gattinnen wohnend; aber den Töchtern waren zur anderen Seite des Hofes zwölf gewölbte Gemächer aus schön geglättetem Marmor, dicht aneinandergebaut …" – Homer, *Ilias*, Buch VI.

So malt Homer das Bild der beiden gegnerischen Truppen während der Handlung der *Ilias*. Einige der Hauptrollen in dem Drama spielen Achill, Agamemnon, Priamos, Helena und die Stadt Troja selbst.

Am Ende würde es einer List bedürfen, um die Stadt zu Fall zu bringen. Das Trojanische Pferd mit den darin verborgenen Soldaten ist ein so machtvolles Symbol, dass wir es 2800 Jahre nach der Entstehung des berühmten Textes Homers noch immer in unserer Umgangssprache als Metapher verwenden. Mit dem Hereinholen des Pferdes in die Stadt ist die Belagerung vorbei und die Griechen zerstören die großartige Stadt mit schrecklicher Brutalität.

Die Geschichte von Troja besitzt die Größe und das scheinbar Unabwendbare einer Tragödie. Helena reist zurück nach Sparta als Menelaos' Frau; für die Griechen ist die Ordnung wiederhergestellt; für die Trojaner gibt es Metzelei und Untergang.

Aber die Leser der *Ilias*, der *Aeneis*, der *Odyssee* und des *Epischen Zyklus* stehen vor einer großen übergeordneten Frage: Ist irgend etwas davon wirklich geschehen?

Künstlerische Darstellung der berühmten Mauern Trojas von Norden. Einer Legende zufolge konnte nur eine List den Fall der Stadt bewirken.

Die Suche nach Troja

Diese einfache Frage zieht weitere, auch kompliziertere Fragen nach sich. Einige liegen auf der Hand: War Helena eine reale Person? Wäre wegen ihres Weglaufens mit einem Trojaner eine Koalition von Griechen in den Krieg gezogen? Gab es Troja? Wo lag es? Hätte es einer zehnjährigen Belagerung standhalten können? Falls es den Krieg wirklich gab, wer waren die Protagonisten? Waren Achill, Agamemnon, Priamos, Hektor und Paris reale Menschen? Und war das Trojanische Pferd real und wären die Trojaner naiv genug gewesen, es in ihre Stadttore zu holen?

Die Antwort auf die meisten dieser Fragen lautet: Ja, warum nicht? Die antike und moderne Geschichte kennt seltsamere Geschichten als die Erzählung vom Trojanischen Krieg. Es gibt allerdings keinen schlüssigen Beleg für das mythische Troja, keinen Beweis, der Helena, Achill und das hölzerne Pferd im Zentrum einer

SCHLIEMANN WAR EIN SCHLITZOHR, EIN GAUNER UND SELBSTHERRLICHER FANTAST, DER SEINE GRABUNGSBEFUNDE FRISIERTE, DAMIT SIE ZUM MYTHOS TROJA PASSTEN.

zehnjährigen Belagerung ansiedelt. Doch ein Blick auf die Archäologie und Geschichte liefert immerhin interessante Indizien.

Die Archäologen

Archäologen waren oft Romantiker mit viel Fantasie. Die ersten Archäologen, die Troja suchten, gehörten fraglos zu dieser Sorte. Viele wollten unbedingt beweisen, dass Homers *Ilias* wahr war, dass es in der Erzählung des Barden um Geschichte ging.

Heinrich Schliemann überblickt seine Grabung, die einen gewaltigen Schlund durch das Zentrum des Hirsalik Tepe riss.

Das Trojanische Pferd

Das überdimensionale Pferd, das die Griechen den Trojanern als Abschiedsgeschenk hinterließen – mit einer Handvoll Griechen im Rumpf, die bei Nacht für Tod und Zerstörung sorgten –, ist ein höchst unrealistischer Teil des Trojanischen Krieges. Menelaos erzählt die Geschichte kurz in der *Odyssee*, denn es ist Odysseus selbst, der mit seinen Leuten aus dem Pferd klettert und die Tore für die zurückgekehrten griechischen Schiffe öffnet.

Es erscheint unfassbar, dass die Trojaner so dumm sein sollten, das Geschenk anzunehmen. Wie die *Odyssee* berichtet, hatten auch in Troja einige ihre Zweifel. Helena umkreiste das Pferd wie eine Zauberin und ahmte die Stimmen der Frauen der griechischen Krieger nach, um sie dazu zu bringen, sich zu verraten.

Wie lässt sich das Pferd erklären? Einer Theorie zufolge war es eine Belagerungsmaschine, eine Art Rammbock in einem pferdeförmigen Gestell, der die Stadttore zu Fall brachte. Das würde zu Homers Bild der Griechen passen, die zu Tricks greifen mussten, um zu siegen.

Einem anderen Vorschlag zufolge ist das Pferd nur eine Metapher für ein Erdbeben, das die Schutzwälle der Stadt so weit schwächte, dass die Griechen eindringen konnten. Schließlich war im alten Griechenland Poseidon der Gott der Erdbeben und das Pferd vielfach sein Symbol. Spuren weisen auf ein verheerendes Erdbeben beim angenommenen Untergang von Troja hin.

Vielleicht sollte man bedenken, dass Homer vor allem Dichter war und dass sein Epos ein Werk der Fantasie ist. Seine Geschichte kann antike Belagerungsmaschinen und Erdbeben mit menschlichem Verrat verknüpft haben. Dann wäre das Pferd nur ein Symbol, das eine alte Legende heraufbeschwören sollte.

Abgesehen von alledem war das Trojanische Pferd der Tradition zufolge aus Holz. Daher ist es längst verrottet und entzieht sich dem Zugriff der Archäologen ebenso, wie es die Historiker weiterhin quält. Das Rätsel um das Trojanische Pferd muss daher vorläufig ungelöst bleiben.

Diese Vase aus Mykonos, datiert um 675 v. Chr., trägt die früheste Darstellung des Trojanischen Pferdes. In der Vase wurden menschliche Knochen entdeckt.

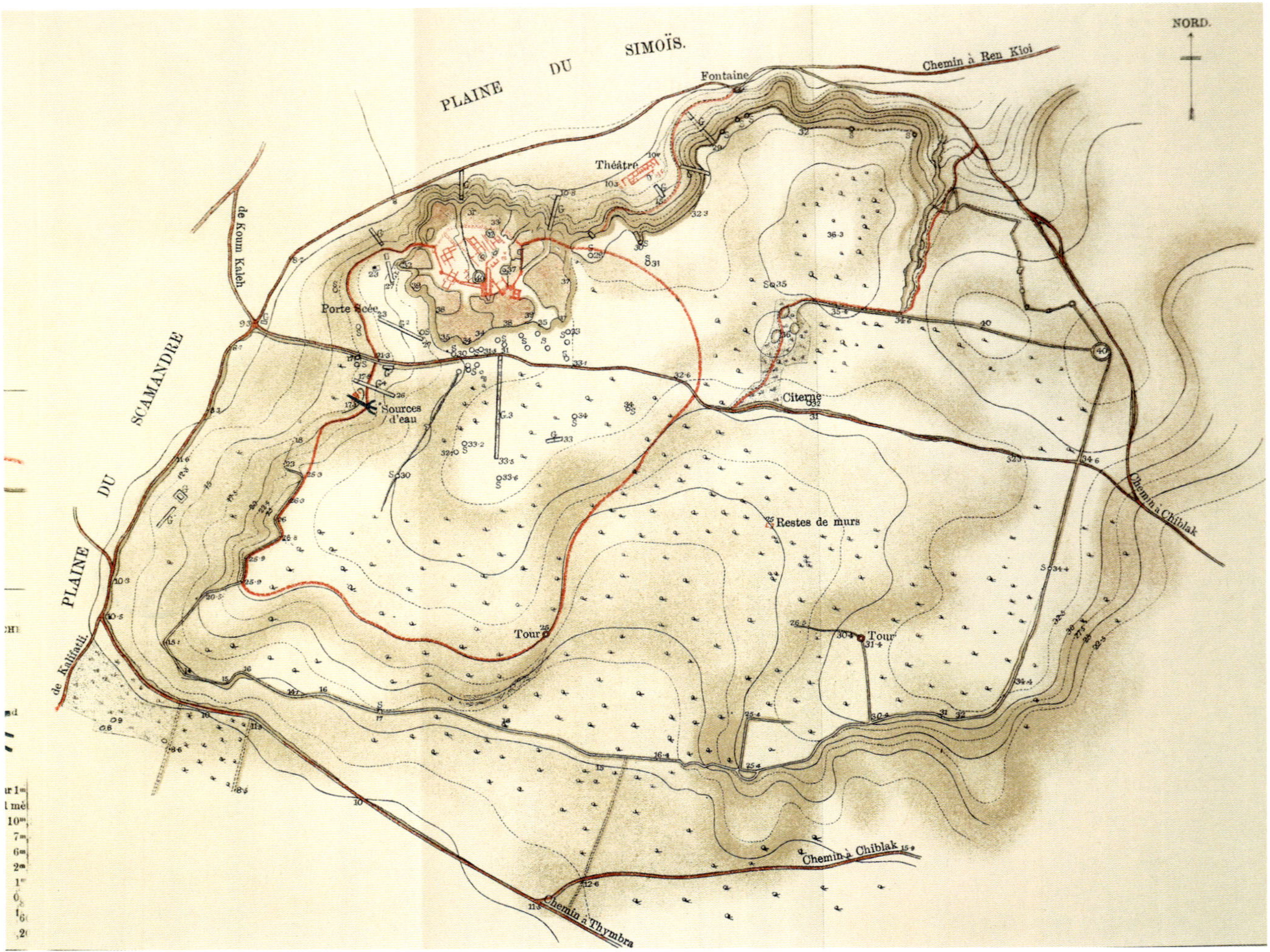

Diese Karte zeichnete Heinrich Schliemann. Sie zeigt das, was er für die Stadt Troja hielt, wie Homer sie beschrieben hatte.

Ein Gedicht, das „auf einer wahren Begebenheit basiert", war wohl authentischer als ein Werk der reinen Fantasie.

Einer der ersten und der berühmteste dieser frühen Sucher nach Homers Troja war der deutsche Kaufmann Heinrich Schliemann im 19. Jahrhundert. Der Selfmade-Millionär Schliemann wurde zum „Vater der mykenischen Archäologie" und gilt als einer der Begründer der Grabungsarchäologie, die noch in ihren Kinderschuhen steckte, als er erstmals 1868 in die Türkei reiste. Doch obgleich er große Teile des Ortes freilegte, der heute weitgehend als Troja anerkannt ist, gilt Schliemann auch als Schlitzohr, als Gauner und selbstherrlicher Fantast, der seine Grabungsbefunde frisierte, damit sie zum Mythos Troja passten. Dennoch gelangen Schliemann einige der bedeutendsten Entdeckungen in der Geschichte der Archäologie.

1870 begann Schliemann am Hisarlık Tepe, einem schuttbedeckten Hügel, zu graben. Sein Kollege Frank Calvert war sicher, dass hier Troja lag. Seinem Tagebuch zufolge war Schliemann überwältigt, wie in einem Traum, eine Kopie der *Ilias* in der Hand, das aufmarschierende Heer der Griechen auf der Ebene unter dem Hügel vor seinem inneren Auge. Erst „Dunkelheit und bohrender Hunger" zwangen ihn dazu, sich für die Nacht zurückzuziehen.

Schliemann sagte stets, es war sein Kindheitstraum, Homers Troja zu finden, das ihn fasziniert hatte, seit sein Vater ihm als Sechsjährigen davon vorgelesen hatte. Das könnte eine Legende sein, da Schliemann – ein besessener Sammler eigener Dokumente in einer elfbändigen Autobiografie, 18 Reisetagebüchern, 60 000 Briefen und fast 200 Bänden Grabungsnotizen – Troja oder die *Ilias* nie erwähnte, bevor er sich mit 45 als Kaufmann zur Ruhe setzte.

Auch wenn er seine persönliche Geschichte schönte, widmete Schliemann wirklich den Rest seines Lebens der Suche nach Troja. Er machte sich voll Elan und mit 200 mit Spitzhacken bewaffneten Arbeitern über den Hisarlık Tepe her. Calvert hatte erklärt, dass es viele Schichten geben werde und dass er tief graben müsse, um die Stadt zu finden, die vermutlich aus dem 13. Jahrhundert v. Chr. stammte.

Schliemanns Männer trieben rasch und rücksichtslos einen 14 m tiefen Graben mitten durch den Hisarlık Tepe. Dabei wurden Siedlungsspuren aus sämtlichen Schichten zerstört. Was in den ungefähr 50 Schichten des Hisarlık Tepe zutage trat, war nicht eine, sondern mehrere Städte, eine über der anderen. Ganz unten schien die Stadt, die später als Troja II bezeichnet wurde, sehr vielversprechend. Hier gab es Mauern und eine gepflasterte Straße, breit genug für zwei Wagen nebeneinander: wie direkt aus dem Homer. Als Schliemann Brandspuren an den Mauern fand, war er selig und nannte Troja II die „Verbrannte Stadt". Konnten dies die Spuren des Feuers sein, mit dem die Griechen Troja dem Boden gleichgemacht hatten?

Internationales Aufsehen

Schliemanns Funde erschütterten die Welt der Altertumswissenschaften. Jahrhundertelang hatte Homers Troja als Ammenmärchen aus grauer Vorzeit gegolten, das ein Barde vor langer Zeit erzählt hatte. Nun war es eine reale Stadt. „Schaut euch diese Mauern an", verkündete der

Teil der antiken Straße durch Troja. Schliemann betrachtete sie als Beweis für die Richtigkeit der Ilias, da sie zwei Wagen nebeneinander Platz bot.

Sophia Schliemann trägt den „Schmuck der Helena", der nach der Aufnahme des Fotos in einer Kiste aus der Türkei geschmuggelt wurde.

Ausgräber nicht ohne Besitzerstolz. Hinter der Legende gab es nun harte Fakten.

Doch welche Beweise hatte Schliemann gefunden? Außer verbrannten Mauern und großen Mengen Schutt und Erde nur sehr wenig. Die Zweifler in Europa machten aus „Homers Stadt" rasch „Homers Saustall" und auch Schliemann selbst begann zu zweifeln. Er brauchte etwas Konkretes, und das schnell.

Gleich ob Zufall oder Notwendigkeit, 1873 gelang Schliemann sein spektakulärster Erfolg, eine der größten Entdeckungen der Geschichte der Archäologie – ein Depotfund, den er „Schatz des Priamos" nannte. Schliemann behauptete, er habe den Hortfund – Gold-, Bronze- und Silberwaffen und Schmuck – eines Morgens mit seiner jungen Frau Sophia gefunden. Sophia habe viele der kleineren Gegenstände wie Ringe, Armbänder und ein Diadem in ihre Schürze gesammelt und sie ins Haus getragen, um sie genauer zu untersuchen. Berühmt wurde das Foto, auf dem sie den Schmuck trägt – den „Schmuck der Helena" –, bevor er in einer Kiste aus der Türkei nach Athen geschmuggelt wurde, wo Schliemann ein Haus besaß.

Der Fund schlug bei Gelehrten und Laien ein wie eine Bombe. Doch die ganze Angelegenheit war suspekt. Zum einen war Sophia zur Zeit der Entdeckung nicht vor Ort, sondern bei ihrer Familie in Athen. Es zeigte sich auch, dass der Hortfund nicht auf einmal entdeckt wurde. Stattdessen wies einiges auf eine Serie kleinerer Funde im Laufe der Grabungskampagne hin, die Schliemann zu einem funkelnden Sammelsurium zusammengestellt hatte. Das Etikett „Schatz des Priamos" sorgte für unbezahlbare Publicity, aber es war falsch. Der Schatz ist um 2300 v. Chr. zu datieren, rund 1000 Jahre zu früh für Homers Troja. Troja II konnte daher nicht die mythische Stadt sein.

Schliemann hatte im Stillen selbst gezweifelt. Troja II war eine Zitadelle von 100 Quadratmetern, viel zu klein für die große Stadt des Trojanischen Krieges. Die Anstrengung der Grabung verstärkte seine Enttäuschung: Malaria, Skorpione und stechende Insekten, ständiger Wind, Staub und gnadenlose Hitze machten Schliemann oft zu krank und niedergeschlagen, um die Grabung selbst zu beaufsichtigen.

Zudem gab es Probleme mit den Behörden. Schliemann hatte 1870 ohne Grabungserlaubnis begonnen, und nun verklagte ihn die osmanische Regierung auf die Herausgabe seiner Funde. Für viel Geld erwarb er schließlich den Schatz legal. Dass er gegen die Vereinbarung, alle Funde mit den Türken zu teilen und keine bestehenden Bauwerke zu beschädigen, verstoßen hatte, führte zu großen Schwierigkeiten für alle Archäologen, die nach ihm am Hisarlık Tepe graben wollten.

Mykene

Bis sich die Wogen glätteten, wandte sich Schliemann der griechischen Seite von Homers Epen zu. Wenn Troja wirklich existierte, mussten das auch die Griechen, die es angegriffen hatten. Der natürliche Ausgangspunkt war der große Palast von Mykene, wo Menelaos seinen Bruder Agamemnon angefleht hatte, seine entführte Frau zurückzuholen.

Als Schliemann Anfang 1874 auf die Peloponnes ins griechische Mutterland nach Mykene kam, war der Platz seit 1500 Jahren verlassen. Die Burg von Mykene lag erhöht zwischen den Bergen Hagios Elias und Zara am Rand der Ebene von Argos. Für Schliemann sah die Stadt aus, wie Homer sie beschrieben hatte, „breitstraßig und golden". Die Zitadelle außerhalb des großartigen Löwentores der Stadt schien ihm ein würdiger Rastplatz für Agamemnon zu sein, der der Sage nach von seiner Frau Klytaimnestra und ihrem Liebhaber Aigisthos ermordet wurde, als er aus Troja heimkehrte.

Das Grab Agamemnons zu finden wäre für Schliemann der Beweis, dass dieser mykenische König gelebt hatte. Und ein solcher Fund würde dem Zeitalter der homerischen Helden Leben einhauchen. Im Spätsommer des Jahres 1876 war es genau das, was Schliemann gelang.

Schliemann war nicht der erste Archäologe, der in Mykene grub, aber er war der erste, der innerhalb der Burg grub. Nach wenigen Metern wurde er fündig. Zunächst kamen aufrechte Grabsteine, sog. Grabstelen, zum Vorschein, von denen einige Reliefs mit Streitwagen trugen. Doch das Beste kam erst: rechteckige Schachtgräber mit den Skeletten von 19 Erwachsenen und

Schliemann erklärte, dass er diesen Hortfund aus wertvollen Objekten, die er als „Schatz des Priamos" bezeichnete, eines Abends gemeinsam mit seiner Frau Sophia ausgegraben hatte. Das erwies sich als Lüge.

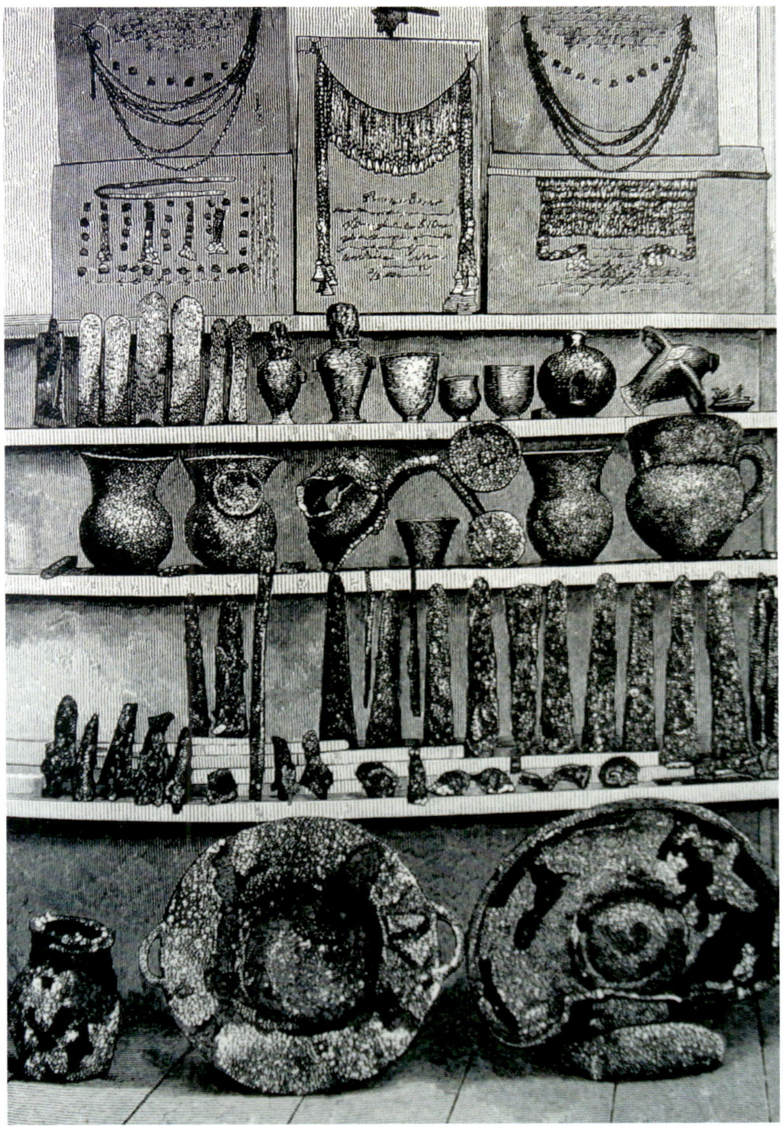

Frei erfundene Illustration der Entdeckung der mykenischen Schachtgräber mit den Goldmasken durch die Schliemanns

Eine der Totenmasken aus Blattgold aus den Schachtgräbern in Mykene.

zwei Kindern. Alle waren mit Gold belegt. Über den Gesichtern der Männer lagen Masken aus fein getriebenem Goldblech; auf ihrer Brust lagen Goldrosetten und Brustplatten mit Spiralornamenten. Die Frauen trugen Diademe auf dem Kopf. Neben den Erwachsenen lagen Bronzeschwerter und -dolche, deren Griffe und Scheiden mit Jagd- und Kampfszenen verziert waren. Dazu kamen silberne und goldene Becher, Elfenbeinkästen und eine Holzdose mit Goldreliefs sowie Hunderte Goldscheiben mit Tiermotiven.

Für Schliemann gab es keinen Zweifel, dass er vor den Helden der *Ilias* und ihrem Schatz stand. Es passte einfach zu viel, als dass es anders hätte sein können. In den Szenen aus getriebenem Gold kamen die Eberzahnhelme vor, die Homer beschrieben hatte, und der Turmschild von Ajax. Da gab es sogar die silberbeschlagenen Schwerter, die

Hektor Ajax gab. Gefesselt von einer der großartigsten Einzelentdeckungen der Archäologie, schrieb Schliemann zum Fund in seinem Buch *Mykene:* „Ich für meinen Teil habe stets an den Trojanischen Krieg geglaubt; mein Vertrauen in Homer und in die Überlieferung wurde nie von modernen Kritikern erschüttert, und diesem Glauben verdanke ich die Entdeckung von Troja und seinem Schatz."

Doch Schliemann irrte sich erneut. Die Gräber stammten aus einer älteren Zeit, hatten vielleicht nicht einmal irgendwas mit der vermeintlichen Dynastie des Agamemnon zu tun. Das Gold, so sollte sich zeigen, war um 1600 v. Chr. zu datieren, vierhundert Jahre vor Homers Troja. Auch diese Verbindung von Mythos und Fakten durch Schliemann erwies sich also nicht als wirklich haltbar. Wichtiger war jedoch, dass Schliemann, geblendet durch die Reichtümer, die er in Troja und Mykene ausgrub, einen weitaus bescheideneren, aber viel bedeutsameren Fund übersehen hatte, der die beiden Städte verband: Scherben von mykenischer Keramik.

Wo liegt Troja?

Die Reste der Stadt, von der man glaubt, dass es Troja war, liegen an der nordöstlichen Ecke des Mittelmeeres in der heutigen Türkei. Troja beherrschte damit einen strategischen Punkt am südlichen Zugang zu den Dardanellen, einem schmalen Seeweg, der das Schwarze Meer und die Ägäis über das Marmarameer verbindet.

Zwischen den Flüssen Skamander und Simois (heute Karamanderes und Dumrek Su) gelegen, überblickte Troja eine weite bronzezeitliche Bucht, die seither verlandet ist und Felder trägt. Dies ist die Troas, „das Land von Troja". Trojas Lage an der Handelsroute zwischen den Mittelmeerkulturen und jenen im Osten machte es zu einem wichtigen Handelszentrum und einem natürlichen Halteplatz für Händler auf ihren Reisen durch die Dardanellen oder den Hellespont, wie dieser schmale Seeweg in der Antike genannt wurde.

Luftbild des Hisarlık Tepe mit der Troas und den Dardanellen im Hintergrund

Kollegen wie Frank Calvert hatten Schliemann nachdrücklich darauf hingewiesen, dass die mykenische Keramik, die am Hisarlık Tepe gefunden wurde, von großer Bedeutung für seine Suche nach Troja war und nicht außer Acht gelassen werden sollte. Doch diese Keramik war in den Schichten von Troja VI und VII gefunden worden, die beide viel höher lagen als die fieberhaft freigelegten Reste von Troja I und II. Jetzt wurde Schliemann bewusst, wie viel von den wertvollen Resten dieser jüngeren Städte einfach weggeworfen worden war. In seinem Eifer, Troja zu finden, hatte Schliemann viele historische Zeugnisse, die vor seiner Nase lagen, selbst zerstört. Schliemann beschloss, dass es noch Zeit sei, seinen Traum zu entdecken, und organisierte eine neue Grabung für 1890. Doch Weihnachten brach er in Neapel zusammen und starb am folgenden Tag. Das hartnäckige Geheimnis um den Mythos von Troja hatte den ersten großen Archäologen, der ihm auf die Spur kommen wollte, besiegt.

Wilhelm Dörpfeld, Assistent und Nachfolger Heinrich Schliemanns

Ans Licht

Nach Schliemanns Tod wurde seine Arbeit von seinem Assistenten Wilhelm Dörpfeld fortgesetzt. Dörpfeld war wie Schliemann ein unheilbarer Romantiker, besessen von der Idee, die mythische Stadt zu finden. Doch er war vorsichtiger als sein ehemaliger Chef. Als gelernter Architekt wollte er zunächst ein Gesamtbild von Troja VI entwickeln, jener Stadt, die der mykenischen Keramik zufolge, die hier gefunden wurde, der wahrscheinlichste Kandidat für das Troja Homers war.

Indem er an der Peripherie der Siedlung grub, statt in ihrer Mitte, machte Dörpfeld bald eine Entdeckung von anscheinend größerer Bedeutung für den Mythos Troja als alles, was Schliemann gefunden hatte: prächtige, gewaltige Mauern, begraben unter 15 Metern Erde und Schutt. Sie wurden von großen Wachtürmen flankiert und waren acht Meter hoch. Sie waren von weitaus komplexerer Bauart als alle Befestigungen rund um Mykene. Und es gab ein

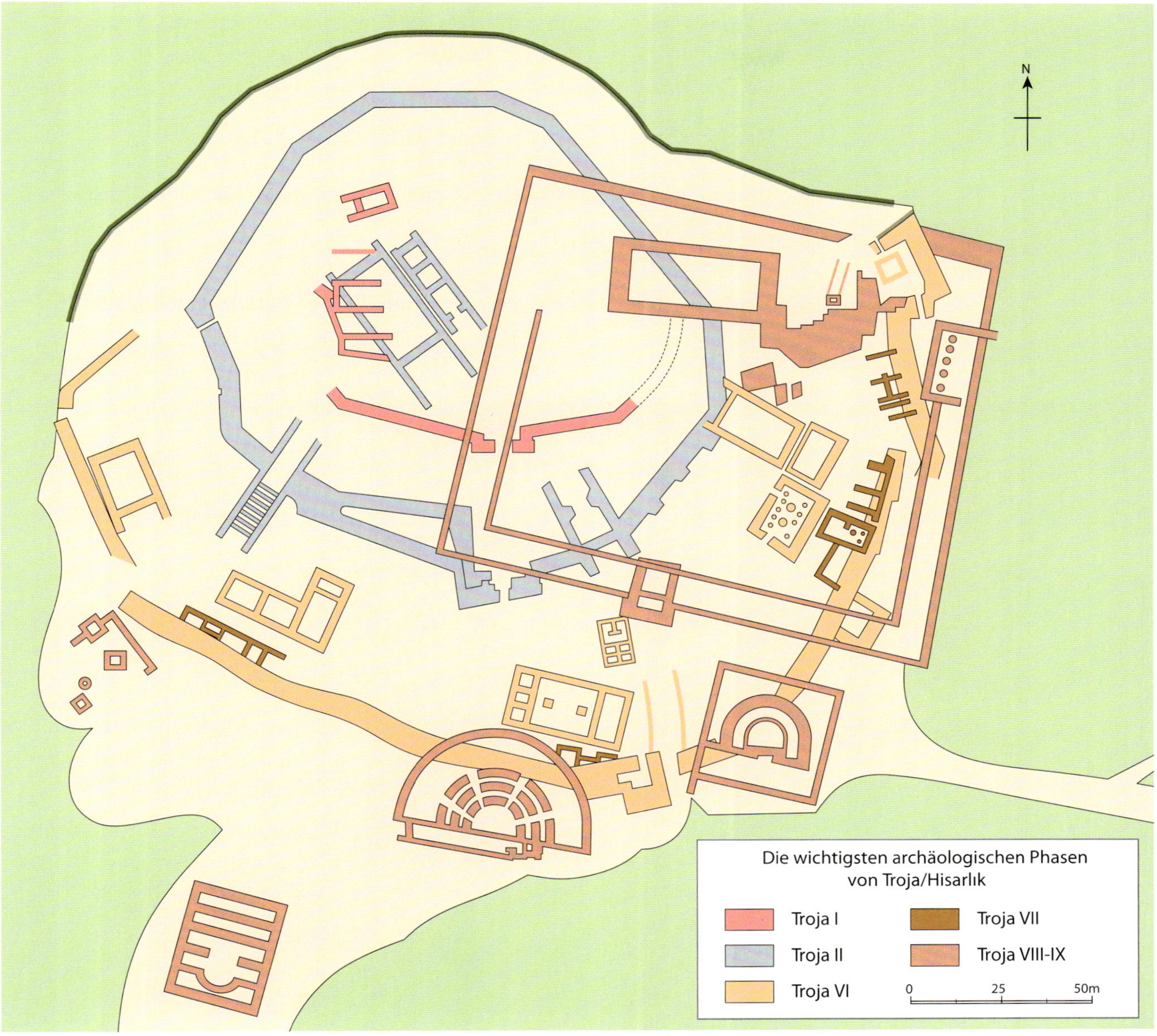

Karte der wichtigsten Phasen von Troja

schlagendes Argument für ihre Verbindung mit der *Ilias*: sie waren nach innen geneigt oder geböscht, wie von Homer beschrieben. Könnten dies die Mauern gewesen sein, die Patroklos im 16. Buch der *Ilias* fast im Alleingang bestieg?

Jetzt hätt Argos' Volk die türmende Troja erobert unter Patroklos' Hand, so tobt' er voran mit der Lanze, wenn nicht Phoibos Apollon auf festgegründetem Turme dastand, ihm Verderben ersann und die Troer beschirmte. Dreimal stieg zur Ecke der hohen Mauer Patroklos kühn hinan, und dreimal verdrängte mit Macht ihn Apollon, gegen den leuchtenden Schild mit unsterblichen Händen ihn stoßend. Als er das vierte Mal drauf anstürmete, stark wie ein Dämon, rief mit schrecklichem Drohn der treffende Phoibos Apollon: „Weiche mir, edeler Held Patrocleus! Nicht dir gewährt ist, dass dein Speer verwüste die Stadt hochherziger Troer, nicht dem Achilleus einmal, der weit an Kraft dir vorangeht!" Jener sprachs; da

entwich mit eilendem Schritte Patroklos, scheuend den furchtbaren Zorn des treffenden Phoibos Apollon. – Homer, *Ilias*, Buch XVI.

Wenn die Mauern Dörpfeld noch nicht als Beweis reichten, so legten weitere Grabungen innerhalb von Troja VI die Reste von fünf großen Häusern frei – jedes als königliche Residenz geeignet. Darin wurde überall zerbrochene mykenische Keramik gefunden. An einer Verbindung zwischen Troja und der mykenischen Welt gab es keinen Zweifel mehr. Und nicht zuletzt gab es Spuren von Zerstörungen in Troja VI.

Für Dörpfeld konnte die Zerstörung der Stadt nur von einer Belagerung stammen. 1902 schrieb er: „Der lange Disput über die Existenz von Troja und über seine Lage ist beendet. Die Trojaner haben gesiegt … die zahllosen Bücher, die in der Antike und jüngeren Zeit gegen Troja verfasst wurden, sind nun bedeutungslos."

Es sollte dreißig Jahre dauern, bis Dörpfelds Worte vom „Ende des Disputs" hinfällig waren. Erst der amerikanische Archäologe Carl Blegen widersprach Dörpfelds Ansicht, dass Troja VI die Stadt des Trojanischen Krieges sei.

Blegen begann 1932 am Hisarlık Tepe zu graben. Wie seine Vorgänger hatte er ein klares Ziel: das Rätsel um Homers Troja ein für alle Mal zu lösen. Er konzentrierte sich auf Troja VI, die Stadt, von der Dörpfeld sicher war, dass sie von einer großen Armee zerstört worden war. Blegen stimmte zu,

Die Bemalung dieser Kanne, die in Mykene gefunden wurde, weist viele Elemente minoischer Kunst auf.

Eine der großen Mauern, die im Hisarlık Tepe freigelegt wurden. Sie gehören zu Troja VI.

dass alles auf große Zerstörung hinwies, doch war weniger sicher, was deren Ursache anging. Ein Teil der Außenmauer etwa war von seinen Fundamenten abgehoben worden; andere Mauern im Inneren waren zusammengebrochen. Ein Heer von Göttern oder Giganten mochte fähig gewesen sein, Troja so zu ruinieren, aber sicher nicht die Männer, die für Agamemnon kämpften. Auch Dörpfeld, der den Ort 1935 besuchte, musste zugeben: Die Zerstörung von Troja VI war nicht das Werk von Menschen, sondern der Natur. Sie musste Folge eines Erdbebens sein.

Neunmal Troja

Am Platz von Troja liegen neun Siedlungen, die mehr als 4000 Jahre Geschichte abdecken:

Troja I: Das um 3000 v. Chr. gegründete Troja I war eine kleine Zitadelle, die etwa 20 rechteckige Lehmziegelhäuser umfasste und von einer 90 Meter langen befestigten Mauer eingefasst wurde. Die erhöhte Lage gab Troja I eine beherrschende strategische Position und Zugang zu den Seehandelsrouten durch die Dardanellen.

Troja II: Das um 2500 v. Chr. erbaute Troja II war doppelt so groß wie Troja I. Lehmziegelhäuser entlang der Zitadelle boten der wachsenden Bevölkerung Platz. Zwei Tore schützten die Zitadelle, die große, rechteckige Gebäude enthielt, die Megara. Ein Megaron war das religiöse und politische Herz der Stadt. Troja II wurde wahrscheinlich durch Brand zerstört.

Troja III–V: Nach der Zerstörung von Troja II ging die Besiedlung zurück. Über Troja III, IV und V ist nur bekannt, dass die Mauern erweitert und gut befestigt wurden, die Häuser aber kleiner waren und innerhalb der Mauern lagen. Nach einer Phase relativer Isolation entstand um 1900 v. Chr. eine neue Stadt, Troja VI.

Troja VI–VII: Die großen bronzezeitlichen Städte Troja VI und VII wurden von hohen Mauern, Türmen und Gräben geschützt und beherbergten etwa 8000 Einwohner. Ihre Wirtschaft war auf den Handel und häusliche Arbeiten wie Spinnen und Weben sowie die Herstellung von Purpur aus Purpurschnecken spezialisiert.

Troja VIII: Um 1100 v. Chr. wurde Troja verlassen, erstand aber um 700 v. Chr neu als Troja VIII, eine hellenistische Stadt namens Ilion. Ihre Akropolis, Agora und Tempel waren typisch für griechische Städte jener Zeit.

Troja IX: 85 v. Chr. zerstörten die Römer Ilion, das unter dem General Sulla teils wieder aufgebaut wurde. Kaiser Augustus baute Ilion wenig später zu einer großen Stadt aus, die bis um 324 n. Chr. bestand. Dann wurde Konstantinopel gegründet und Troja fiel dem endgültigen Niedergang zum Opfer.

Als Blegen die Hinweise auf ein Erdbeben in Troja VI prüfte, entwickelte er eine neue Theorie: Es habe keinen kulturellen Bruch zwischen den Städten Troja VI und VII gegeben. Die gleichen Menschen hätten beide bewohnt. Sie hätten Troja VII einfach über der zerstörten Stadt Troja VI errichtet und wohnten hier weiterhin.

Ein Neubau scheint nötig gewesen zu sein; erst nach den Erdbebenschäden und dann später, als ein neuer Feind die Stadt bedrohte. Während Troja VII schon bewohnt war, erlebte die Architektur der Stadt tiefgreifende Veränderungen. Sie waren nicht allmählich oder vorsichtig erfolgt. Am deutlichsten zeigten sie sich in den großen Adelshäusern in der Oberstadt. Diese wurden mit groben Mauern unterteilt, um mehr Räume zu schaffen. In die Böden wurden vielfältige Vorratsgefäße eingelassen. Große, elegante Häuser für einzelne Familien waren rasch und

Carl Blegen begann seine Grabung am Hisarlık Tepe 1932. Auch er wollte das Rätsel um Troja lösen.

Die Mauern von Troja VII: Die Spuren sprechen für eine Zerstörung der Stadt durch Krieg.

rustikal umgebaut worden, um ein Vielfaches an Bewohnern aufzunehmen. Kurz, es war eine Art Elendsviertel entstanden mit Behelfsquartieren für die vielen Flüchtlinge, die in die Stadt strömten.

Und nun kam der Clou von Blegens Theorien: Troja VII sei durch Krieg oder, genauer, durch eine angreifende Armee zerstört worden.

Blegens Beweisführung war bis zu diesem Punkt schlagend: verwendete Pfeilspitzen, unbegrabene Skelette auf den Straßen der Burg und Brandspuren auf den Mauern. Wie seine Vorgänger war Blegen sicher, was seine Entdeckung bedeutete. Die „verstreuten Reste menschlicher Knochen in den vom Feuer gezeichneten Ruinen der Siedlung VIIA weisen sicher darauf hin, dass sie gewaltsam zerstört wurde. Wenig Fantasie ist nötig, um hier eine antike Stadt zu sehen, die unerbittliche Gegner einnahmen und zerstörten … wie das die Schilderungen von Plünderungen in den Homerischen Epen anschaulich beschreiben".

Alles schien auf eine Belagerung Trojas hinzuweisen, dessen Bewohner in den höchsten Teilen der Siedlung Schutz vor den Kämpfen gesucht hatten. Hier hockten sie in Notquartieren, die man improvisiert hatte, als die Belagerer die Stadtmauern angriffen. Dann das Ende: Totschlag, Plünderungen, Vergewaltigungen und Gefangennahmen – der Fall einer Stadt, wie ihn so plastisch Vergil in der *Aeneis* beschreibt.

Trotz allen Funden Blegens hatte seine Theorie einen Haken: die Größe der Stadt selbst. Wie wir sahen, wurde Troja als eine

Tonfigur einer Muttergöttin aus Troja VII, heute im archäologischen Museum von Çanakkale in der Türkei

der großen bronzezeitlichen Städte des Mittelmeerraums beschrieben. Ihre Mauern verkündeten allen Besuchern ihren offenbaren Reichtum. Doch die Städte, die Schliemann, Dörpfeld und Blegen ausgegraben hatten, waren alle enttäuschend klein. Bei einer Mauerlänge von nur 200 mal 200 Metern konnte Troja VII kaum die Ehre für sich beanspruchen, die mächtige Stadt Homers zu sein. Wieder sollte die Welt eine neue Archäologie brauchen, um zu beweisen, dass Troja mehr als Legende oder Mythos war.

Troja VI und VII

Und so kam es. Rund 50 Jahre nach dem Ende von Blegens Arbeiten am Hisarlık Tepe begann der deutsche Archäologe Manfred Korfmann eine neue Grabung. Mit den neuesten Radiocarbonmethoden wollte Korfmann die Größe von Troja VI und VII aufklären und prüfen, wie sie zugrunde gingen. Von Anfang an machte er klar, dass es ihm nicht um Homer oder die *Ilias* ging; seine Grabung sollte einfach mehr über einen prominenten Platz der Bronzezeit in Erfahrung bringen.

Doch auch er stolperte über ein unwiderstehliches Argument, das die Stadt Troja mit der Erzählung Homers zu verbinden schien. Für Korfmann war dies die Entdeckung, dass Troja VI und VII nur einen kleinen Teil ausgedehnter Siedlungen ausmachten, die tief in der Erde ringsum verborgen waren. Er fand ein Troja, das 15-mal so groß war wie jede der früheren Städte, eine ausgedehnte Siedlung auf fast 300 000 Quadratmetern Fläche – für die Bronzezeit eine gigantische Größe.

Dies löste das Rätsel um Blegens Troja, das zu klein schien, um legendär zu sein. Blegen, Schliemann und Dörpfeld hatten nur die Zitadelle ausgegraben, die Burg über einer größeren, unterhalb gelegenen Stadt – in der späten Bronzezeit eine übliche

Eine Auswahl der Keramik, die in Troja VI gefunden wurde, heute im Archäologischen Museum in Istanbul

Siedlungsform. Außerdem bestätigte Korfmann die Existenz der Quellhöhle, ein Tunnelnetz unterhalb der Stadt, das diese mit Wasser versorgte.

Doch eine dramatische Entdeckung stand noch bevor. 1995 fand Korfmann Belege, dass die Unterstadt von Troja VII durch Feuer und Krieg zerstört worden war. Rings um dieses Gebiet wurden Skelette und Haufen von Schleudergeschossen in einem alten Lagerraum gefunden. Die Schicht unterhalb dieses Raumes, die zu Troja VI gehörte, war offenbar von einem Erdbeben zerstört worden. Die Stadt hatte also tatsächlich zuerst eine Naturkatastrophe und dann die Belagerung durch eine feindliche Armee durchgemacht. Alles schien klar: Troja VII war eine große, florierende Stadt mit Tausenden Einwohnern, die durch einen Krieg zerstört worden war. Was also geschah Korfmann zufolge?

„Nun, die Hinweise sprechen für eine Brandkatastrophe", berichtete Korfmann. „Dann gibt es Skelette. Wir fanden zum

ABGESEHEN VON DEN SCHERBEN MYKENISCHER KERAMIK, DIE BEIM AUSGRABEN VON TROJA VI UND VII GEFUNDEN WURDEN, VERBINDET HEUTE IN DER ARCHÄOLOGIE DES ORTES TROJA NUR WENIG MIT MYKENE.

Beispiel ein etwa sechzehnjähriges Mädchen, der halbe Körper begraben, die Füße vom Feuer verbrannt. Eigenartig, so ein hastiges Begräbnis an einem öffentlichen Ort, mitten in der Stadt; und wir fanden Schleudergeschosse in Haufen. Es war eine Stadt, die belagert wurde. Eine Stadt, die verteidigt wurde, die sich schützte. Sie verlor den Krieg und wurde offenbar besiegt."

Korfmann fügte rasch hinzu, dass er nicht sagen könne, wer Troja angegriffen hatte oder warum. Abgesehen von den Scherben mykenischer Keramik, die beim Ausgraben vonTroja VI und VII gefunden wurden, verbindet heute nur wenig in der Archäologie des Ortes Troja mit Mykene. Die Kohlenstoffdatierung zeigte, dass diese Keramik aus der Zeit des Trojanischen Krieges stammt, irgendwann im 13. Jahrhundert v. Chr. Doch das Vorhandensein dieser Keramik könnte auch als Argument gegen den Trojanischen Krieg verwendet werden. Wenn Troja ein Handelspartner von Mykene war, warum sollte Mykene eine lukrative Einnahmequelle zum Versiegen bringen? Würde Agamemnon als König von Mykene seine eigenen Kunden wegen eines Streits um die Frau seines Bruders auslöschen?

Daher sind es die Menschen, die einst in den Trümmern der heute ausgegrabenen Städte lebten, die den Schlüssel für die Frage nach dem Wahrheitsgehalt von Homers Epos bilden. Und eine Untersuchung der Beziehungen zwischen Mykene und Troja ist von zentraler Bedeutung.

Untergang im Erdbeben

Schliemann, Dörpfeld und Blegen wollten den Fall Trojas mit archäologischen Beweisen verbinden. Dabei übersahen sie jedoch, dass die poetische Verarbeitung der Geschichte mehr als eine reale Quelle hatte. Die Stadt kann einem Erdbeben zum Opfer gefallen sein oder von einem Erdbeben geschwächt und dann von einer Armee überrollt worden sein. Könnte der Fall Trojas ein Gemisch mehrerer historischer Ereignisse gewesen sein? In der klassischen Schilderung des römischen Dichters Vergil ist von schwankenden großen Mauern und dem Boden die Rede, der sich durch die Einwirkung Neptuns bewegt:

„Hier, wo das Trümmergewirr, wo Stein vom Steine gerissen, wo Staubwolken du siehst, durchmischt mit wogendem Rauche, schüttelt die Mauern Neptun; er hebt Grundfesten mit mächtgem Dreizack aus und entwurzelt aus unterster Tiefe das ganze Troia […]" Doch nun schien mir Ilion ganz in die Flammen zu sinken, schien mir aus unterstem Grunde verkehrt die neptunische Troia: Wie wenn im hohen Gebirg oftmals Landleute die alte Esche mit Stahl anhaun um die Wette und schmetternden Äxten, sie zu entwurzeln bemüht, bis […] zuletzt sie noch einmal ächzt und, vom Fels ausreißend, in krachendem Sturz sich herabwälzt … – Vergil, *Aeneis*, Buch II.

Es sind diese geisterhaften, anonymen Gestalten neben anderen aus der Antike – von den Ägyptern bis zu den Römern –, die nicht nur an den Trojanischen Krieg als reales Ereignis der Weltgeschichte glaubten, sondern auch sicher sagen konnten, wo er stattfand und wer seine wichtigsten Akteure waren.

Daher wenden wir uns jetzt den Kulturen der späten Bronzezeit zu, insbesondere den beiden großen Supermächten der Zeit: den Mykenern und den Hethitern und den Kriegerkönigen, welche diese Völker anführten.

Manfred Korfmann, der Archäologe, der verkündete, er sei nicht am Hisarlık Tepe, um den Trojanischen Krieg zu erforschen

Kapitel 2

Die Kriegerkönige

Die großen Helden der *Ilias* sind Achill und Hektor, legendäre Krieger, geehrt wegen ihres Könnens und ihres Mutes im Krieg. Zwiespältigere Figuren sind der griechische Anführer Agamemnon und der trojanische Prinz Paris: manchmal feige, oft eitel oder arrogant.

Die Supermächte der Bronzezeit wurden von kampfhungrigen Aristokraten geführt, die auf Kriegsruhm, Ehre und Prestige unter ihresgleichen aus waren und auf ein Erbe, das sie überdauern würde. Homers Helden sind nicht anders. Doch manchmal müssen wir sehen, wie ein unheroischer Krieger aussieht, um uns zu erinnern, was Heldentum bedeutet.

In der *Ilias* ist niemand so wenig heldenhaft wie Paris – der trojanische Prinz, der durch sein Durchbrennen mit Helena von Sparta die Griechen vor Troja holte. Für seine Familie ist Paris' Tat im Rahmen. Priamos, sein Vater, gibt zu, dass es unter seinen fünfzig Söhnen gute und schlechte gibt: „Die tapfersten Söhn' erzeugt ich weit in Troja umher […] Nestor, den göttlichen Held, und Troilos, froh des Gespannes, Hektor auch […] nur die Schandfleck' alle sind übrig, Lügner alle und Gaukler und treffliche Reigentänzer, Räuber des Volks, nur schwelgend im Fett der Lämmer …"

Priamos' Verachtung für Paris wird von Hektor geteilt, dem wahren Helden der *Ilias*, der von seinem Bruder sagt: „Weichling, an Schönheit ein Held, weibsüchtiger schlauer Verführer! Wärest du nie doch geboren, das wünscht ich dir, oder gestorben, eh du um Weiber gebuhlt!"

In der ganzen *Ilias* anerkennt Paris die Berechtigung einer Beschimpfung: „… dieweil du mit Recht mich tadeltest, nicht mit Unrecht." Doch seien Menschen so, wie die Götter sie geschaffen haben. Paris oder Alexandros, wie er auch heißt, wird als

GEGENÜBER: *Wandteppich aus der Werkstatt von Jean François und Pierre Van den Borght, 1740 entstanden. Er zeigt Achill, der Paris bedrängt, welcher aber von der Göttin Aphrodite beschützt wird.*

unheroisch geschildert, da er sein Schicksal als Frauenheld und unwilliger Kämpfer annimmt. Doch er erhält Gelegenheit, seinen Heldenmut zu zeigen und die Ablehnung durch die Trojaner zu mildern. Als die beiden Heere in der Ebene aufeinander zu marschieren, ist sein großer Moment da:

Griechische Statue des Paris, entstanden im 1. Jahrhundert n. Chr.

Als sie nunmehr sich genaht, die Eilenden gegeneinander, trat hervor aus den Troern der göttliche Held Alexandros, tragend ein Pardelvlies und ein krummes Geschoss um die Schultern, samt dem Schwert; zwo Lanzen, gespitzt mit der Schärfe des Erzes, schwenkt' er, und rief hervor die tapfersten aller Achaier, gegen ihn anzukämpfen in schreckenvoller Entscheidung. Aber sobald ihn schauete der streitbare Held Menelaos vor dem Scharengewühl einhergehn mächtigen Schrittes: so wie ein Löwe sich freut, dem größere Beute begegnet […] so froh war Menelaos, den göttlichen Held Alexandros dort mit den Augen zu schaun, denn er wollt ihn strafen, den Frevler. Schnell vom Wagen herab mit den Rüstungen sprang er zur Erde.

Aber sobald ihn schaute der göttliche Held Alexandros schimmern im Vorderheer, da erbebt vor Angst sein Herz ihm; und in der Freunde Gedräng entzog er sich, meidend das Schicksal. […] Also taucht' er zurück in die Meng' hochherziger Troer. – Homer, *Ilias*, Buch III.

Als Paris beim Anblick des Gegners zittert, schilt Hektor ihn: „Wagtest denn du, […] ein schönes Weib zu entführen, aus der Apier Lande, die Schwägerin kriegrischer Männer? Deinem Vater zum Gram und der Stadt und dem sämtlichen Volke, aber den Feinden zur Wonn' und zu ewiger Schande dir selber? Ha, nicht mochtest du stehn vor Atreus' Sohn! Denn gelernet hättest du, welchem Manne die blühende Gattin du raubtest!"

Erwartungsgemäß akzeptiert Paris die Wahrheit hinter den Worten seines Bruders und bietet unwillig eine Lösung an:

Hektor, willst du mich sehn im tapferen Streite des Krieges, heiße die anderen ruhn, die Troer umher und Achaier, lasst dann mich vor dem Volk und dem streitbaren Held Menelaos kämpfen um Helena selbst und die sämtlichen Schätze den Zweikampf. Wer von

beiden nunmehr obsiegt und stärker erscheinet, nehme die Schätze gesamt mit dem Weib und führe sie heimwärts. Ihr dann zugleich, Freundschaft und heiligen Bund euch beschwörend, wohnt in der scholligen Troja, und jen' entschiffen zu Argos' rossenährender Flut und Achaias rosigen Jungfraun. – Homer, *Ilias*, Buch III.

Das Duell

Alles wird vorbereitet für den Zweikampf um Helena. Er ist eine Atempause für die Griechen, die Trojaner und den Leser: Werden die für den Krieg Verantwortlichen ihn ehrenhaft beenden, indem sie miteinander kämpfen und das Blutvergießen

„Die Liebe von Paris und Helena", ein Gemälde von Jacques-Louis David, 1788

Der Kampf zwischen Menelaos und Paris um Helena vor Troja

vieler verhindern? Hektor verkündet den Griechen den Vorschlag, sie legen die Waffen ab und setzen sich aufs Schlachtfeld. Menelaos verlangt, dass Priamos herunterkommen und die Vereinbarung mit einem Opfer besiegeln solle. Helena schaut von der Stadtmauer aus zu. Die Bühne ist frei für ein großes Stück Heldenmut, ein Duell bis zum Tode in der epischen Kriegertradition. Doch dazu sollte es nicht kommen.

Das Duell ist kurz; Homer beschreibt es in vierzig Zeilen. Zuerst schleuderte Paris einen Speer auf Menelaos, der an dessen Schild abprallt. Menelaos zückt darauf sein „Schwert voll silberner Buckel" und schlägt auf Paris' Helm, worauf sein

Schwert zerspringt. Er packt Paris beim Kinnriemen seines Helmes und zieht ihn zu den griechischen Linien. Als Paris zu ersticken droht, greift Aphrodite ein, Paris' Schutzgöttin. Sie zerreißt seinen Kinnriemen, lässt einen Nebel fallen und entführt den Trojaner in sein Schlafzimmer. Einer seiner Schutzgötter hat Paris gerettet, wie andere Götter dies mit ihren Lieblingen im Laufe des gesamten Epos immer wieder tun sollten.

„KOMMST DU VOM KAMPFE ZURÜCK: O LÄGEST DU LIEBER GETÖTET DORT VOM GEWALTIGEN MANNE, DER MIR DER ERSTE GEMAHL WARD."

Die Götter und das Schicksal haben höchste Macht über einfache Menschen. Doch auch diese schmieden ihr eigenes Schicksal, zumindest innerhalb gewisser Grenzen. Das hindert andere nicht daran, Krieger für ihr Handeln zu kritisieren. Paris' Feigheit wird den Zorn der Griechen nähren, bis die Stadt seines Vaters zerstört und seine Beute zurückgeholt worden ist.

Aphrodite schickt Helena zu Paris ins Schlafzimmer. Hier verhöhnt sie ihn: „Kommst du vom Kampfe zurück: O lägest du lieber getötet dort vom gewaltigen Manne, der mir der erste Gemahl ward. Ha, du prahltest vordem, den streitbaren Held Menelaos weit an Kraft und Händen und Lanzenwurf zu besiegen! Gehe denn nun und berufe den streitbaren Held Menelaos, wiederum zu kämpfen im Zweikampf! Aber dir rat ich, bleib in Ruh und vermeide [...] gegen ihn anzukämpfen den

Helena und König Priamos beobachten den Kampf zwischen Menelaos und Paris von den sicheren Mauern von Troja aus.

tapferen Kampf der Entscheidung ohne Bedacht, dass nicht durch seinen Speer du erliegest!“

Inzwischen sucht Menelaos auf dem Schlachtfeld sein Opfer. Doch keiner hatte ihn gesehen. Und es hätte ihn auch niemand gedeckt, „denn verhasst war er allen umher wie das schwarze Verhängnis“.

Menelaos erklärt sich zum Sieger, doch in Wahrheit wurde niemand besiegt. Nun müssen die Götter entscheiden, und der Deal zwischen Hera und Zeus bedeutet nicht nur den Ruin von Troja, sondern auch den der griechischen Städte Argos, Sparta und Mykene. Das Duell schlug fehl; nun werden alle die zerstörerische, verwüstende Kraft der Götter spüren.

Heroische Aristokraten

Das Entsetzliche am Tod des Hektor ist Achills zutiefst unheroisches Verhalten danach. Achill treibt seinen Speer durch Hektors Leichnam und fordert seine Kameraden auf, das Gleiche zu tun. Dann zieht er ihm den Panzer aus, den Hektor von Patroklos gestohlen hatte, und durchbohrt seine Fersen. Durch diese zieht er den Gürtel, den Ajax Hektor gab, und bindet ihn an seinen Streitwagen. Dreimal umrundet er Patroklos’ Grabhügel und schleift Hektors Leichnam durch den Staub. Zwölf Tage dauert diese Schändung an, während Priamos und Andromache, Hektors Frau, in der Burg weinen. Achill, der große Held der Griechen, hat in seinem Zorn den Heldencode verletzt.

Achill und Hektor

Ein Duell zwischen Helden ist eines der Hauptmotive der Ilias. Kein Kampf wird mehr erwartet als jener zwischen Achill und Hektor. Hier werden die Widersprüche zwischen Ehre und Heldentum bis ins Detail ausgesponnen. Achill, ein Held, der sich geweigert hat, für seinen König zu kämpfen, wird nach dem Tod seines geliebten Patroklos zur gnadenlosen Kampfmaschine. Vorher hatte er einige seiner Gegner geschont, sie eher als Sklaven verkauft als getötet. Doch nun metzelte er die hochrangigen Trojaner hin, gnadenlos und ohne Pause.

Hektor dagegen erweist sich als ehrenwert im Krieg und im Privatleben, als prinzipientreuer Vater und Anführer. Doch es ist Hektor, der vor dem Showdown mit Achill stolpert und vor Angst davonläuft, statt sich dem Kampf zu stellen. Dreimal umkreisen sie die Mauern von Troja, ehe Hektor sich Achill entgegenstellt. Nun bittet er, dass der Sieger den Leichnam seines Gegners respektvoll behandeln und seiner Familie überlassen möge. Achill lehnt ab: „Nun büßest du alles auf einmal, meiner Genossen Weh, die du Rasender schlugst mit der Lanze!“

Beide werfen ihre Speere, ohne Ergebnis. Hektor begriff, dass die Götter auf Achills Seite sind: „Jetzt erhascht mich das Schicksal! Lass mich nicht kampflos in den Staub sinken, noch ruhmlos, nein, erst Großes vollendend, wovon auch Künftige hören!“

Der sagenhafte Kampf zwischen Hektor und Achilleus in einem Gemälde von Peter Paul Rubens (1577–1640)

Während Hektor spricht, zieht er „das geschliffene Schwert aus, welches ihm längs der Hüfte herabhing, groß und gewaltig. An nun stürmt er gefasst, wie ein hochherfliegender Adler, welcher herab auf die Erde gesenkt aus nächtlichen Wolken, raubt den Hasen im Busch, wo er hinduckt, oder ein Lämmlein: Also stürmete Hektor, das hauende Schwert in der Rechten".

Achill, dem Athena heimlich seinen Speer wiedergebracht hatte, schwang diesen „in der rechten Hand, wutvoll dem göttlichen Hektor, spähend den schönen Leib, wo die Wund' am leichtesten hafte. Rings zwar sonst umhüllt' ihm den Leib die eherne Rüstung, blank und schön, die er raubte, die Kraft des Patroklos ermordend; nur wo das Schlüsselbein den Hals begrenzt und die Achsel, schien die Kehl' ihm entblößt, die gefährlichste Stelle des Lebens: Dort mit dem Speer anstürmend durchstach ihn der edle Achilleus, dass ihm hindurch aus dem zarten Genick die Spitze hervordrang". – Homer, *Ilias*, Buch XXII.

Dann entehrt Achill den gefallenen Gegner, indem er ihm ein Begräbnis verweigert und seinen Leichnam schändet.

Homer ist nicht nur ein Verfechter des Kriegerkodex, er ist auch ein Kritiker davon. Achills tödliches Schmollen nach seinem Streit mit Agamemnon erregte bei seinen griechischen Genossen „unnennbaren Jammer", wie Homer in der zweiten Zeile des Epos schreibt. Der Dichter zeichnet einen Kontrast zwischen der Kampfmaschine Achill, ohne familiäre Bindungen und unbesorgt um das Wohlergehen der Griechen, und dem Familienmenschen und großen Stammesfürsten Hektor.

In einer berühmten Szene aus Buch VI umarmt Hektor seine Frau Andromache und herzt seinen kleinen Sohn, der aus Angst vor dem wehenden Pferdehaar auf seines Vaters Helm weint. In einer schrecklichen Vorahnung spricht er vom Fall der Stadt. Er trauere um keinen Trojaner so sehr wie um seine Frau und sei froh, dass er tot sein und nicht sehen werde, wie ein Achaier „weg die Weinende führt, der Freiheit Tag dir entreißend".

HOMER, SO ZEIGT SICH, IST KEIN REINER VERFECHTER DES KRIEGERKODEX; ER IST AUCH EIN KRITIKER DAVON.

Die bronzezeitlichen Ideale von Freiheit und Heldentum führten in der Praxis zu vielen Dilemmas. Homers Bild von Helden konzentriert sich auf Könige und Prinzen von Mykene und Troja, große Anführer, die angeblich von den olympischen Göttern abstammten. Wie wir sahen, waren diese

An Löchern, die er in dessen Fersen bohrt, schleift Achill Hektors Leichnam hinter seinem Streitwagen durch den Staub.

Andromache weint um Hektor, nachdem Priamos seinen Leichnam von Achill ausgelöst hatte.

Kriegerkönige im Krieg an in der Praxis uneinhaltbare Ehrenkodizes gebunden.

Doch ist dies alles ein genaues Bild der Königreiche der Bronzezeit, in denen die *Ilias* spielt? Homer verfasste sein Epos erst 500 Jahre später. Wie aber sah die Welt wirklich in der späten Bronzezeit aus? Wer waren die Großmächte, die die Ereignisse der Welt im 13. Jahrhundert v. Chr. kontrollierten?

Mykene

Die Bronzezeit wurde von Stadtstaaten geprägt mit Kriegerkönigen an der Spitze. Diese Stadtstaaten bildeten Bündnisse oder wurden Teile großer Reiche. Bei unserer Suche nach Troja spielen zwei dieser Großmächte eine Rolle: die Mykener und die Hethiter in Kleinasien.

Die Elitekämpferkultur von Mykene etablierte sich in Griechenland durch Kriege und Eroberungen. Die Mykener, deren Kultur der großen minoischen Kultur ähnelte, deren Zentrum Knossos auf Kreta lag, blühte zwischen 1600 und 1100 v. Chr. Das mykenische Griechenland war ein Sammelsurium von Stadtstaaten mit derselben Religion, Kultur und Baukunst. Große Palastburgen mit dicken Mauern zur Verteidigung waren das Gemeinsame dieser Städte. Sie lagen oft an luftigen Positionen, um die lokale Bevölkerung zu

Luftaufnahme der Burg von Mykene, geschützt durch eindrucksvolle Zyklopenmauern

kontrollieren, die in Siedlungen darunter lebte. Die größten Stadtstaaten waren auf der Peloponnes Pylos, Tiryns und Midea; Athen, Theben und Orchomenos in Mittelgriechenland; und Lolcos in Thessalien. Der größte und wichtigste Stadtstaat war aber Mykene selbst.

Obgleich sie in Festungen rund um die Ägäis lebten, galten die Mykener als Seeleute, Händler und Plünderer. Sie kauften, tauschten und verkauften Waren, wenn sie konnten. Funktionierte das nicht, nahmen sie sich, was sie wollten. Vor allem hethitische Texte berichten mehrfach davon, dass Banden mykenischer Krieger auf der Suche nach Beute die Westküste Kleinasiens schikanierten.

Man kann sich leicht vorstellen, wie Agamemnon, der große Städteplünderer, diese Siedlungen angreift. Natürlich, das mykenische Griechenland legte den Grundstein für die griechische Welt zu Homers eigener Zeit; und spätere Griechen borgten viele ihrer Götter aus dem mykenischen

Pantheon aus. Die mykenische Sprache, die Schrift Linear B, war der Vorläufer der griechischen Sprache.

Viele Täfelchen mit Texten in Linear B fand der Archäologe Carl Blegen in der Zitadelle von Pylos, der Residenz von König Nestor, einem engen Verbündeten von Agamemnon. Blegen hoffte, die Texte würden eine großartige Erzählung des Trojanischen Krieges enthalten. Doch sie erwiesen sich als weitaus profaner. Es waren lange Listen von eingenommenen Steuern, gezahlten Tributen und Dingen wie militärischen Ausrüstungsgegenständen. Einige der aufgelisteten Dinge stammten aus Raubzügen in fremden Siedlungen: ein Fußschemel aus Elfenbein, ein Paar Bronzeräder und Frauen.

Die Linear-B-Tafeln lieferten auch Hinweise auf die Hierarchie mykenischer Stadtstaaten. An der Spitze stand der König oder Wanax (bei Homer auch Anax). Ihn umgab eine Kaste von Elitekämpfern, die *heqetai*. Homer nennt Agamemnon meist „wanax [oder anax] andron", „Herrscher des Volks". Am Fuß der sozialen Leiter stand die Klasse der *doeroi,* unfreie Bauern. Sie erzeugten die Nahrung für den König und seine *heqetai,* für die Priester und die Beamten, welche die Mittelklasse dieser Kultur bildeten.

Die Tafeln zeigen, dass die mykenische Elite ihr Land fest im Griff hatte: Die unterste Schicht, die *doeroi*, arbeitete im Ackerbau und produzierte Handelswaren wie Textilien und mykenische Keramik. Die Einnahmen aus dem Handel wurden streng kontrolliert. Es gab eine tiefe Kluft zwischen dem einfachen Volk von Mykene und seiner königlichen Kriegerkaste, deren Reichtum und Macht im vierzehnten und dreizehnten Jahrhundert v. Chr. ihren Höhepunkt erreichte.

Wie die Ausgrabungen Heinrich Schliemanns in Mykene zeigten, erhielten königliche Gräber verschwenderisch reiche Grabbeigaben. Riesige Mengen Gold, Bronze und Silber wurden allein für Waffen eingesetzt. Die Jagd- und Kampfszenen auf diesen Prunkdolchen, ganz zu schweigen

Ein mykenisches Tontäfelchen, beschrieben in der Schrift Linear B

Eine mykenische Dame in einem Fresko aus der Zeit zwischen 1400 und 1200 v. Chr.

Mykenische Bronzewaffen wie Schwerter und Dolche grub Schliemann in Mykene aus.

von den bunten Fresken der Palastwände, zeigen die Beschäftigungen der aristokratischen Kriegerklasse und den hohen Stellenwert des Grabkults.

Könige wie Agamemnon mussten ihre Krieger mit Geschenken, Essen und der großzügigen Gastfreundschaft ihres Hofes gut stimmen. Seine Truppen mussten ausgebildet und mit Waffen und Streitwagen ausgestattet sein. Doch abgelegene Burgen wie Mykene kontrollierten zwar den Ackerbau und die Manufakturen der Ebene von Argos, hatten aber weder Zugang zu Gold oder Silber noch zu Zinn und Kupfer, das zur Bronzeherstellung diente. Bronze war das wichtigste Metall der „Bronzezeit", da man wirkungsvolle Schwerter nicht aus Silber oder Gold schmieden konnte.

Der Fernhandel zwischen den Mykenern und anderen Reichen der Bonzezeit konnte nur einen Teil der Einkünfte einbringen, die zum Erhalt eines kriegerischen Stadtstaates nötig waren. Mykenische Keramik fand sich in Grabungen von Ägypten bis Kleinasien und auch in den Ruinen von Troja selbst. Doch um eine Kultur in ein Reich zu verwandeln, brauchte man Beute, und die machte man im Krieg.

Mykene war nie ein Reich im herkömmlichen Sinne. Es war eine Konföderation lose verbundener Stadtstaaten, die ihrem mächtigsten Mitglied – Mykene – eine gewisse Loyalität schuldeten. Ein König wie Agamemnon konnte den benachbarten aristokratischen Stadtstaaten Krieg und Beute bieten. Je fetter die Beute, desto größer das Prestige des Eroberers, der für sie gesorgt hatte. Und das war für die Aristokraten, die jagten, kämpften und nach Ruhm und Reichtum strebten, höchst attraktiv. Die Ziele der Kriegerkönige und der Krieger, die an ihrer Seite kämpften, waren genau das: Ehre, Ruhm, Reichtum und ein großartiges heroisches Erbe, das lange nach ihrem Tod weiterleben würde.

Doch die Komplikationen dieses Erbes zeigt Homer deutlich. Er macht Agamemnon unsterblich und zeigt seine menschlichen Fehler. Der Heldenkönig ist auch ein polternder Maulheld. Dies ist das Wunderbare antiker Poesie, die ihren Zauber noch lange ausübt, nachdem die historischen Fakten verschwunden sind. Seinen angeblichen

Gemälde von Pierre-Narcisse Guérin, 19. Jahrhundert: Klytaimnestra zögert vor der Ermordung ihres schlafenden Ehemannes Agamemnon.

Taten zufolge, könnte Agamemnon als großer Kriegerkönig gelten, ein Eroberer von Städten mit einem Heer mykenischer Griechen an seiner Seite. Doch die Person hinter Homers Agamemnon ist ein eitler, arroganter Anführer, dazu verurteilt, von den Händen seiner Frau und ihres Liebhabers zu sterben.

Die Hethiter

Die Mykener waren in der späten Bronzezeit nicht die einzige Großmacht im Mittelmeerraum und Nahen Osten. Andere waren die Ägypter, die Assyrer, die Babylonier und die Hethiter. Im Alten Testament erwähnt, waren die Hethiter zur Zeit der klassischen Griechen so gut wie vergessen; auch heute sind sie ziemlich unbekannt. Doch sie bildeten ein Großreich, das einen großen Teil Anatoliens kontrollierte. Hatti, wie die Hethiter ihr Reich nannten, war nach Ägypten die zweitgrößte Supermacht. Doch die Ägypter waren nicht die einzigen Rivalen der Hethiter; ein anderer war Mykene.

Die Hethiter bildeten um 1800 v. Chr. Stadtstaaten, deren kulturelle, religiöse und wirtschaftliche Entwicklung sich stark an den alten mesopotamischen Königreichen orientierte. Ihre Kultur war weitgehend feudal. An der Spitze stand der König als Vertreter des Sturmgottes auf Erden, ganz unten standen Leibeigene, Handwerker und Sklaven. Viele arbeiteten in den Minen in ganz Anatolien, denn Hatti war reich an Metallen, besonders an Silber und Zinn, das bei den Mykenern begehrt war.

Fast unser gesamtes Wissen über die Hethiter stammt von Tausenden Keilschrifttäfelchen, die 1906 bei der Ausgrabung am Boden des Königspalastes von Hattuša verstreut gefunden wurden. Die Palasttafeln zeigen, dass die Hethiter eifrige Protokollanten waren. Von großem Interesse waren die Tafeln des hethitischen Außenamts, die ein lebendiges Bild der Funktionsweise des Hethiterreichs und seiner diplomatischen Beziehungen mit den umgebenden Reichen entstehen lassen.

Hethitische Keilschrifttafel, wahrscheinlich ein Vertrag aus der Zeit um 1700 v. Chr.

Den Tafeln zufolge waren die Supermächte jener Zeit so etwas wie ein exklusiver Club; nur „Großkönige“ konnten Mitglied werden. Diese „Großkönige“ standen in häufigem Kontakt und ihre Diplomaten schickten fleißig Botschaften und Geschenke: Handelsabkommen, Grenzregelungen, militärische Unterstützung und Heiratsbündnisse wurden so vermittelt. Die Könige bedienten sich der damaligen Diplomatensprache; korrekte Wortwahl war ein wichtiger Teil dieses Austauschs.

„Bruder“, „Vater“ und „Sohn“ dienten als Anrede, wobei „Bruder“ nur unter Gleichgestellten verwendet wurde. Die Verwendung von „Großkönig“ war besonders bedeutsam – diesen Titel konnte nicht jeder einfach annehmen. Ein Brief des Hethiterkönigs Hattušili an einen jüngeren, frisch eingesetzten assyrischen König tadelt diesen, weil er sich als „Groß“ bezeichnet hatte.

„Du prahlst, dass du ein Großkönig geworden bist. Doch was ist das mit der ‚Bruderschaft‘? Sind du und ich von derselben Mutter? Wahrlich nicht. Also schreib mir nicht länger von Bruderschaft und Großkönigtum, ich wünsche es nicht.“

Zugleich zeigt Hattušilis Korrespondenz mit Pharao Ramses II., dass wahrgenommene Kränkungen zwischen Großkönigen zu diplomatischen Vorfällen führen konnten. Hier versucht Ramses, Hattušili zu

Mykene: Macht und Ruhm

Den Griechen der klassischen Zeit erschienen die dicken Mauern der mykenischen Burgen mit ihren riesigen Steinen, die nahtlos aneinanderpassten, wie das Werk von einäugigen Riesen, den Zyklopen. Wir wissen heute, dass diese Mauern von den mykenischen Kriegerkönigen errichtet und mit den Einnahmen aus dem Außenhandel und aus Raubüberfällen finanziert wurden.

Der Stadtstaat, der sich der großartigsten Architektur rühmen konnte, war auch der mächtigste: Mykene selbst. Besucher dieser hoch gelegenen Burg gelangten über eine steile, gepflasterte Straße zum Haupttor, über welchem die beiden Löwen, die Wappentiere der mykenischen Könige, in den dunklen Kalkstein gehauen waren.

Hinter dem Tor befand sich rechts ein großer Kreis aufrechter Steine – der Gräberkreis, den Heinrich Schliemann freigelegt hatte – und links der Palast mit den königlichen Wohnräumen und einer beherrschenden Aussicht über die Ebene von Argos. Diese königlichen Räume sollten vor allem beeindrucken: die Decke des Thronsaals wurde von vier bronzebeschlagenen Holzsäulen getragen, die Wände waren bemalt mit bunten Fresken, die Jagd- und Kampfszenen zeigten, der große runde Herd in der Mitte des Raumes wurde Tag und Nacht betreut. Hier fanden Feste statt, bei denen Musiker die Leier spielten und Barden in epischen Dichtungen die Heldentaten ihres Königs besangen.

Moderne Luftaufnahme der Burg von Mykene

beschwichtigen, nachdem ihm der Hethiter vorgeworfen hat, dass er ihn angesprochen habe, als sei er ein Untertan:

„Ich habe soeben all die Worte gehört, die du, mein Bruder, mir schriebst und die besagen: ‚Warum schriebst du, mein Bruder, mir so, als sei ich nur ein Untertan von dir?' Ich bedaure, was du mir schreibst, mein Bruder. Du hast überall Großes erreicht; du bist wahrlich ein Großkönig in den Hatti-Ländern … Warum sollte ich dir wie einem Untergebenen schreiben?"

Wenn die Ägypter den Hethiterherrscher als Großkönig anerkannten, was machten sie mit den Mykenern? Wäre Agamemnon „Groß"? Homer hätte Ja gesagt. Die *Ilias* nennt Agamemnon „Herrscher von ganz Argos und den Inseln".

Die Hethiter hätten dem beigepflichtet. Bei den Keilschrifttafeln von Hattuša gibt

Das Siegel des Hethiterkönigs Hattušili

es eine Korrespondenz mit dem „König von Ahhiyawa“, in der dieser auch als Großkönig angesprochen wird. Die Entzifferung der Phrase „König von Ahhiyawa“ war ein Durchbruch. „Ahhiyawa“ bezieht sich auf das „Land Achaia“, Domäne der mykenischen Griechen. Im frühen 20. Jahrhundert war diese Interpretation umstritten: erst seit Kurzem sind sich Forscher im Grunde einig, dass Ahhiyawa die Achaier sind.

Das ist wichtig, da es zeigt, dass die Ahhiyawa für die Hethiter offiziell eine der großen bronzezeitlichen Großmächte waren. Sie waren auch ihre wichtigsten westlichen Nachbarn. Und wie die Keilschrifttafeln zeigen, war ihre Beziehung die übliche Geschichte von gespanntem gegenseitigem Misstrauen, das irgendwie Handel und Diplomatie mit Grenzstreitigkeiten und kriegerischen Auseinandersetzungen verband.

Eine der frühesten davon fand den Keilschrifttafeln zufolge Mitte des fünfzehnten Jahrhunderts v. Chr. statt. Demnach segelte der Ahhiyawa-Herrscher Attarissiya an die Westküste Kleinasiens in der erklärten Absicht, die Hethiter anzugreifen – mit Tausenden Infanteristen und über hundert Streitwagen. Das war für die Bronzezeit eine große Streitmacht, und das 200 Jahre, bevor der Trojanische Krieg stattgefunden haben dürfte.

Die Westfront

Die Keilschrifttafeln aus Hattuša schildern Westanatolien als widerspenstige Region des Hatti-Reiches. In diesem Gebiet war die hethitische Kontrolle wenig stabil und die Stadtstaaten wechselten oft die Seiten. Westanatolien hatte offenbar etwas von einer Grenzmentalität, wo Opportunisten und Abenteurer oft in lokale Machtkämpfe und Aufstände gegen den König in Hattuša verwickelt waren.

Ein solcher Mann war Piyamaradu, ein hethitischer Adeliger, der am Königshof in Ungnade gefallen war und nun in Westanatolien Ärger machte. Die Geschichte stellt Mykene als eine der Supermächte der Bronzezeit dar und macht es denkbar, dass Wilusa, oder Troja, ein Pfand oder ein Stellvertreter im wechselnden Machtkampf zwischen Ahhiyawa (Mykene) und den Hethitern war. Kurz, der Trojanische Krieg könnte die Geschichte einer der Schlachten zwischen der Großmacht Mykene und einem abtrünnigen Herrscher sein, der sich gegen die Hethiter in Hattuša gewandt hatte, die andere damalige Großmacht.

Im dreizehnten Jahrhundert startete Piyamaradu offenbar Angriffe auf die hethitischen Stadtstaaten in Westkleinasien und etablierte sich als Oberherrscher von Wilusa (Troja). Ihn unterstützte der griechische Fürst Tawagalawa (Eteokles von Theben), Herrscher von Millawanda (Milet in Kleinasien). Das beunruhigte die Hethiter, da Wilusa zuvor der hethitischen Krone treu gewesen war.

Der Hethiterkönig Muwattalli II. reagierte auf diese Aktion Piyamaradus, indem er eine Armee nach Millawanda schickte. Muwattalli ist wegen seiner Beteiligung an der Schlacht von Kadesch 1274 v. Chr. gegen den ägyptischen Pharao Ramses II. bekannt. Mit über 6000 beteiligten Streitwagen gilt Kadesch als größte derartige Schlacht der Geschichte, aber als eine, die mit einem Waffenstillstand endete. Danach wurde der Streit mit einem der ältesten bekannten internationalen Friedensverträge beigelegt. Eine Kopie davon war bei den Keilschrifttafeln in Hattuša.

Relief aus dem Tempel von Abu Simbel. Es zeigt Ramses II. in seinem Streitwagen bei der Schlacht von Kadesch 1274.

In Kleinasien also erreichten Muwattalli und seine Armee Millawanda, mussten jedoch feststellen, dass der Rebell Piyamaradu mit seinen Leuten geflohen war, wahrscheinlich nach Griechenland. Es hieß auch, dass er 7000 Hethiter als Gefangene mitgenommen habe.

Da Muwattalli zugleich mit Spannungen mit Ägypten an seiner Südgrenze zu tun hatte, machte er in Westkleinasien Zugeständnisse. Bemerkenswert war seine

MIT ÜBER 6000 BETEILIGTEN STREITWAGEN GILT KADESCH ALS GRÖSSTE DERARTIGE SCHLACHT DER ANTIKE.

Einwilligung, dass Millawanda in Ahhiyawanischen Händen bleiben konnte, obgleich es zunächst ein Vasallenstaat von Hatti gewesen war. In Wilusa installierte Muwattalli einen neuen Vasallenkönig, Alaksandu, und errichtete einen Vertrag, um ihre Vereinbarung zu festigen.

Du, Alaksandu, schütze gutwillig Meine Majestät. Und später schütze meinen Sohn und meinen Enkel, bis zur ersten und zweiten Generation. Und wie ich, Meine Majestät, dich, Alaksandu, gutwillig schützte aufgrund des Wortes deines Vaters und dir zu Hilfe kam und deinen Feind für dich tötete, werden später meine Söhne und Enkel deinen Nachkommen für dich schützen, bis zur ersten und zweiten Generation. Wenn ein Feind gegen dich aufsteht, werde ich dich nicht verlassen, so wie ich dich jetzt nicht verlassen habe, ich werde deinen Feind für dich töten. Doch wenn dein Bruder oder jemand aus deiner Familie gegen dich aufsteht, Alaksandu, oder später jemand gegen deinen Sohn oder Enkel rebelliert, und die Herrschaft von Wilusa anstrebt, werde ich, Meine Majestät, dich durchaus nicht entthronen, Alaksandu. – (Aus dem Alaksandu-Vertrag.)

Der Alaksandu-Vertrag impliziert, dass die Hethiter zuvor dem Herrscher von Wilusa gegen eine angreifende Macht zu Hilfe gekommen waren. Leider ist unbekannt, wer genau die angreifende Macht war. Ein anderes Dokument, der Tawagalawa-Brief, zeigt, dass ein weiterer Konflikt zwischen den Hethitern und den Ahhiyawa ausgetragen wurde und dass der Rebell Piyamaradu erneut im Zentrum des Ärgers stand. In diesem Brief fordert Muwatalli II. oder sein Bruder Hattušili III. den Ahhiyawa-König Tawagalawa aus, Piyamaradu zu zügeln:

Gerüchten zufolge schützt dein Land Piyamaradu, während er seine Frau und Kinder und seinen Haushalt in meines Bruders Land zurücklässt. Doch fortwährend überfällt er mein Land; doch wann immer ich ihn daran hinderte, kehrt er zurück in dein Land. Bist du nun, mein Bruder, diesem Verhalten wohlwollend geneigt? [Falls nicht], nun, mein Bruder, schreibe ihm zumindest dies: „Steh auf, geh fort in das Land Hatti, dein Herr hat seine Rechnung mit dir beglichen! Von meinem Land aus sollst du keine Feindseligkeiten beginnen … Der König der Hatti und ich – in der Frage von Willusa, wegen der wir zerstritten waren, hat er mich bekehrt und wir haben Freundschaft geschlossen … ein Krieg wäre jetzt für uns nicht richtig." – (Nach dem Tawagalawa-Brief.)

Dieses Dokument in Keilschrift auf einer Tontafel ist aus zwei Gründen interessant: Zum einen spricht es Tawagalawa als Gleichgestellten an und zeigt, dass auch er als Großkönig betrachtet wird; zum anderen erwähnt es eine frühere direkte Konfrontation zwischen den Hethitern und den Ahhiyawa wegen des Stadtstaats Wilusa.

Ein späterer Hinweis, der Ereignisse um Wilusa mit den Hethitern verbindet, ist der Milawata-Brief des Hethiterkönigs Tudhaliya IV. Darin heißt es, dass Tudhaliya einen Herrscher namens Walmu, den eine unbekannte Macht abgesetzt hatte, wieder auf den Thron von Wilusa setzt.

Walmu, vermutlich der Sohn von Alaksandu, wird zum „Kriegsvasall". Wenn die Genealogie stimmt, haben die Hethiter den Alaksandu-Vertrag eingehalten, in dem es heißt, „*werden später meine Söhne und Enkel deinen Nachkommen für dich schützen*".

Schließlich gibt es ein letztes, rätselhaftes Dokument, das auf einen Wechsel des

Dieser Vertrag zwischen Ägyptern und Hethitern nach dem Waffenstillstand von Kadesch ist einer der ältesten bekannten Friedensverträge der Geschichte.

Das Siegel des Hethiterkönigs Tudhaliya IV.

Kriegsglücks der Ahhiyawa hinweist: ein Friedensvertrag zwischen Tudhaliya IV. und dem König von Amurru im Libanon. Der Hethiterkönig bietet diesem „Kleinkönig" seinen Rat an:

„Wenn der König von Ägypten der Freund meiner Majestät ist, wird er auch dein Freund sein ... Gleichrangige Könige sind der König von Ägypten, der König von Babylon, der König von Assyrien und der König von Ahhiyawa."

Doch „König von Ahhiyawa" wurde auf der Keilschrifttafel durchgestrichen. Warum? Bedeutet das, der König war gestorben? Oder betrachteten die Hethiter ihn nicht länger als Großkönig? Tudhaliya IV. war nicht der letzte König von Hatti, aber seine Regierung fiel in die Zeit zwischen 1237 und 1209 v. Chr. – unwiderstehlich dicht am angenommenen Zeitpunkt des Trojanischen Kriegs. Waren nach einem endgültigen Krieg zwischen den beiden Supermächten keine diplomatischen Beziehungen mehr möglich? Oder hat dieser Krieg den Großmachtstatus der Ahhiyawa unwiederbringlich reduziert?

Relief aus dem Felsenheiligtum Yazilikaya in der Nähe von Hattuša. Dargestellt ist der Hethiterkönig Tudhaliya IV.

Kämpfe der Supermächte

Fassen wir diese Ereignisse zusammen. Im frühen dreizehnten Jahrhundert v. Chr. erlangte ein hethitischer Rebell namens Piyamaradu Kontrolle über Wilusa, unterstützt von den Ahhiyawa. Die Hethiter schickten daraufhin eine Streitmacht nach Wilusa und setzten statt Piyamaradu einen Vasallenkönig namens Alaksandu ein. Einige Jahrzehnte später wurde Alaksandus Sohn Walmu abgesetzt und dann vom Hethiterkönig Tudhaliya IV. wieder eingesetzt.

Was davon bedeutet irgendetwas für die Frage nach dem Trojanischen Krieg?

Es ist äußerst wahrscheinlich, dass diese Ereignisse mykenische Angriffe auf Troja beschreiben, und zwar während der Herrschaft eines Königs namens Paris. Wir wissen, dass im fünfzehnten Jahrhundert mindestens ein großer Kampf zwischen den Supermächten Hatti und Mykene stattfand und dass die Stadtstaaten an der kleinasiatischen Westküste wie Milet mindestens zweimal die Hände wechselten. Hat es also zur Zeit des Paris eine weitere große Schlacht gegeben? War diese verantwortlich für den Sturz seines Erben Walmu? Was geschah in der Schlussszene in Troja VII, der Stadt, die den Archäologen zufolge einer angreifenden Armee zum Opfer fiel? Wer waren die Hauptdarsteller in diesem erschütternden Drama, das Blutvergießen und Zerstörung mit Kampfesruhm verband?

Der hethitische Adelige Piyamaradu erinnert an die Tradition heroischer Krieger, die nach Ruhm und Ehre und einem großartigen Vermächtnis streben. Auch die Mykener entstammten dieser epischen Tradition. Ihre Welt wurde von Adeligen dominiert, die ihr Leben mit Jagd, Kampf und Kriegsvorbereitungen verbrachten.

In diesem Kapitel ging es um die heroischen Helden von Homer und ihren möglichen Platz in der Geschichte. Die am schwersten fassbare Hauptfigur wird jedoch immer Helena sein. Für sie wurden schließlich Tausende von Schiffen losgeschickt.

In den hethitischen Texten ist von Helena keine Rede. Doch es ist die Rede von 7000 Gefangenen, die Piyamaradu aus Hatti weggeführt hatte, von denen viele Frauen waren. Kein Kriegerkönig würde ohne die Aussicht auf Beute einen Feldzug anführen, nur um die Frau eines „Bruders" zurückzuholen. Homer sagt das selbst. Wenden wir uns nun also der Rolle von Beute und ihrer Beziehung zu Frauen zu.

Reliefdarstellung eines hethitischen Streitwagens, 8. Jahrhundert v. Chr.

Was Namen sagen

Für die meisten Fachleute beweisen die Keilschrifttafeln, die man in Hattuša fand, dass die Mykener oder Ahhiyawa, wie die Hethiter sie nannten, mit dem Hethiterreich Handel trieben, aber auch Raubüberfälle und Grenzverletzungen auf ihr Konto gingen, besonders entlang der Westküste von Hatti. Im Zuge der weiteren Erforschung der Keilschrifttafeln fand man viele weitere hethitische Worte für mykenische Namen. Sie stellen eine verlockend enge Verbindung zwischen Mykene, Hatti und Troja her. Die wichtigsten dieser hethitischen Namen und ihre mögliche Übersetzung sind hier zusammengestellt:

Hethitisch	Mykenisch-Griechisch
Millawanda	Miletos (ein Stadtstaat an der Westküste Kleinasiens, zeitweise von den Ahhiyawa kontrolliert)
Wilusa	Wilios (Troja)
Alaksandu	Alexander (Homers zweiter Name für Paris)
Tawagalawa	Eteokles (bei Homer: König von Theben)
Attarissiya	Atreus (bei Homer: Vater von Agamemnon und Menelaos)

Kapitel 3

Die Rolle der Frauen

Die Gefangennahme und Versklavung von Frauen ist zentrales Thema der *Ilias*. Die Belagerung findet wegen einer entführten Frau statt; Frauen werden als Beute für erkämpfte Siege versprochen. Die Frauen der *Ilias* trifft das gleiche Schicksal wie viele Gefangene in den Kriegen der Bronzezeit.

Im zehnten Jahr der Belagerung von Troja packt Achill die blanke Wut. Unterordnung und Vernunft weichen seinem Zorn:

Singe den Zorn, o Göttin, des Peleiaden Achilleus, ihn, der entbrannt den Achaiern unnennbaren Jammer erregte und viel tapfere Seelen der Heldensöhne zum Hades sendete, aber sie selbst zum Raub den Hunden hinlegte und den Vögeln umher; so ward Zeus' Wille vollendet: Seit dem Tag, als erst durch bitteren Zank sich entzweiten Atreus' Sohn, der Herrscher des Volks, und der edle Achilleus. – Homer, *Ilias*, Buch I.

Im Zank zwischen Achill und Agamemnon geht es um Frauen, um Sklavinnen. Die erste ist Chryseis, Tochter des trojanischen Apollonpriesters Chryses. Dieser kommt und bietet Agamemnon ein hohes Lösegeld für die Rückkehr seiner Tochter.

Die Soldaten des griechischen Heeres unterstützen des Priesters Bitte, doch Agamemnon verweigert Chryseis' Freilassung. „Jene lös' ich dir nicht, bis einst das Alter ihr nahet, wann sie in meinem Palast in Argos, fern von der Heimat, mir als Weberin dient und meines Bettes Genossin! Gehe denn, reize mich nicht …"

GEGENÜBER: *Dieses 1626 entstandene Gemälde von Guido Reni zeigt die Entführung der Helena aus Sparta durch Paris.*

Beleidigte Götter

Agamemnons entehrendes Verhalten, das Gegenstück zum heroischen Kriegerkönig, erregt den Zorn Apollons, den Chryses im Gebet anruft. Der Gott eilt herab vom Olymp, zürnenden Herzens und düster wie Nachtgraun, die Pfeile klappern im Köcher. Apollon setzt sich „von den Schiffen entfernt" und beschießt erst die Tiere und dann die Männer im Griechenlager. Neun Tage lang setzt Apollon seinen Angriff fort, „und rastlos brannten die Totenfeuer in Menge".

Am zehnten Tag gelingt Achill, was Agamemnon nicht schafft: Er beruft eine Heeresversammlung ein, um festzustellen, warum Apollon die Griechen verflucht habe und wie er am besten zu besänftigen sei. Der Seher Kalchas hat die Antwort, doch ehe er spricht, sucht er erst Schutz vor der Wut Agamemnons. Achill sichert ihm diesen zu, und Kalchas erklärt den Zorn Apollons als Reaktion auf Agamemnons Weigerung, Chryseis zurückzugeben. Die Seuche, die der Gott den Griechen geschickt hat, werde andauern, bis die Sklavin frei sei. Agamemnon beginnt zu sprechen, zürnend vor Schmerz und mit drohendem Blick gegen Kalchas:

Unglücksseher, der nie auch ein heilsames Wort mir geredet! Immerdar nur Böses erfreut dein Herz zu verkünden! Gutes hast du noch nimmer geweissagt oder vollendet! Jetzt auch meldest du hier als Götterspruch den Achaiern, darum habe dem Volk der Treffende Wehe bereitet, weil für Chryses' Tochter ich selbst die köstliche Lösung anzunehmen verwarf. Denn lieber behielt ich selber solche daheim, da ich

Der Streit zwischen Achill und Agamemnon, nachdem Apollon die Seuche ins Lager der Griechen gebracht hatte. Gemälde von Peter Paul Rubens.

höher wie Klytaimnestra sie achte, meiner Jugend Vermählte: denn nicht ist jene geringer, weder an Bildung und Wuchs, noch an Geist und künstlicher Arbeit. Dennoch geb ich sie willig zurück, ist solches ja besser. Lieber mög ich das Volk errettet schaun denn verderbend. Gleich nur ein Ehrengeschenk bereitet mir, dass ich allein nicht ungeehrt der Danaer sei; nie wäre das schicklich! Denn das seht ihr alle, dass mein Geschenk mir entgehet. – Homer, *Ilias*, Buch I.

Wieder übernimmt Achill die Anführerrolle und versucht mit Agamemnon zu argumentieren. Der König solle Chryseis aushändigen; nach der Einnahme von Troja werde man sie ihm dreifach und vierfach ersetzen. Agamemnon faucht Achill an, er werde Chryseis hergeben, „allein ich hole die rosige Tochter des Brises selbst mir aus deinem Zelt, dein Ehrengeschenk: dass du lernest, wie viel höher ich sei als du und ein anderer zage, gleich mir sich zu wähnen".

Fresko aus Pompeji: Achill muss die Sklavin Briseis herausgeben.

NEUN TAGE LANG SETZT APOLLON SEINEN ANGRIFF FORT, „UND RASTLOS BRANNTEN DIE TOTENFEUER IN MENGE."

„Die rosige Tochter des Brises" ist die Frau, die Achill bei der Eroberung von Lyrnessos erhielt, einem früheren Konflikt, bei dem er an Agamemnons Seite kämpfte. Nun schickt Agamemnon zwei Herolde, um Achills Geschenk und Bettgenossin zu holen. Damit löst Agamemnon Achills Zorn aus, und dieser zerstörerische Zorn ist das Thema der *Ilias*. Die Griechen fuhren nach Troja wegen einer Königin, doch die Expedition scheitert beinahe wegen eines Streits über eine Sklavin.

Das Fernbleiben Achills von den Kämpfen bringt Agamemnon in Schwierigkeiten. Nach einer Serie von Niederlagen ist seine Armee bei den Schiffen am Ufer eingeschlossen. Hektors Armee rückt nach, die vielen Feuer seiner Krieger unterstreichen noch die Schwärze der Ebene. Bei den Griechen macht sich „Flucht, des starrenden Schreckens Genossin", breit und Agamemnon steht voller Tränen vor seinen Leuten. Zeus habe ihn getäuscht; die einzige Lösung: „Lasst uns fliehn in den Schiffen zum lieben Lande der Väter."

Darstellung des Parisurteils, 1940. Der trojanische Prinz wählte Aphrodite zur schönsten unter den Göttinnen. Hera sollte diese Schmach nie verzeihen.

Die goldene „Maske des Agamemnon", die Heinrich Schliemann bei seiner Grabung in Mykene fand

Die Truppen stehen erstarrt, bis Nestor eine Krisensitzung in Agamemnons Zelt vorschlägt. Hier macht er Agamemnon Vorhaltungen und fordert ihn auf, Achill „durch gefällige Gaben und sanft einnehmende Worte" zurück ins Gefecht zu holen. Agamemnon geht darauf ein und ist sicher, dass er Achill mit Geschenken und Frauen gewinnen kann. Die Liste der Dinge, die er Achill geben will, ist lang: *Aber nachdem ich gefehlt, dem schändlichen Sinne gehorchend, will ich gern es vergelten und biet' unendliche Sühnung. Allen umher nun will ich die herrlichen Gaben benennen: zehn Talente des Goldes, dazu dreifüßiger Kessel sieben, vom Feuer noch rein, und zwanzig schimmernde Becken, auch zwölf mächtige Rosse, gekrönt mit Preisen des Wettlaufs. Wohl nicht dürftig wäre der Mann, dem so vieles geworden, und nicht arm an Schätzen des hochgepriesenen Goldes, als mir Siegeskleinode gebracht die stampfenden Rosse! Sieben Weiber auch geb ich, untadlige, kundig der Arbeit, lesbische, die, da er Lesbos, die blühende, selber erobert, ich mir erkor, die an Reiz der Sterblichen Töchter besiegten. Diese nun geb ich ihm; es begleite sie, die ich entführet, Brises' Tochter zugleich, und mit heiligem Eide beschwör ich, dass ich nie ihr Lager verunehrt, noch ihr genahet, wie in der Menschen Geschlecht der Mann dem Weibe sich nahet. Dieses empfang' er alles sogleich. Wenn aber hinfort uns Priamos' mächtige Stadt die Götter verleihn zu erobern, reichlich soll er sein Schiff mit Gold und Erz belasten. […] Auch der troischen Weiber erwähle sich zwanzig er selber, die nach Helena dort, der Argeierin, prangen an Schönheit.* – Homer, *Ilias*, Buch IX.

Am Ende werden die trojanischen Frauen gefangen genommen und mit der restlichen Beute auf die siegreichen Griechen aufgeteilt. Achill sollte von Agamemnons versprochenen zwanzig Trojanerinnen, „die nach Helena dort prangen an Schönheit", nicht profitieren, da er tot war. Die Griechen opferten Polyxena auf seinem Grabhügel, um ihn zu ehren. Mit ihrem Tod war das Haus des Priamos ausgelöscht.

Bei den Griechen wurden Frauen wie Waren behandelt. Das Schicksal der versklavten Trojanerinnen sollte es sein, den Rest ihrer Tage als Dienerinnen auf den Höfen der mykenischen Adeligen zu arbeiten – oder als Nebenfrauen in ihren Betten. Hier stimmt der Mythos des Trojanischen Krieges mit den Funden aus Mykene überein: Es steht außer Frage, dass Frauen in großer Zahl aus der ganzen Ägäis entführt und als Sklavinnen an fremde Küsten verschleppt wurden.

Die Tontafeln aus Pylos

Nestor, der König von Pylos in der Peloponnes, war während Homers Trojanischem Krieg ein älterer Staatsmann. Zu alt für die Front, war Nestor doch ein erfahrener Anführer, der mit Agamemnon streiten konnte, als die Griechen verloren schienen. Nestor war einer der wenigen Griechen, die unbeschadet aus Troja zürückkehrten. Doch archäologischen Befunden zufolge wurde das historische Pylos tatsächlich im 13. Jahrhundert v. Chr. zerstört.

Nestor bringt Briseis zu Achill zurück, Gemälde von Peter Paul Rubens

Frauen in der *Ilias*

Helena und Briseis sind die weiblichen Schlüsselfiguren der *Ilias*. Helenas Entführung durch Paris führt zum Trojanischen Krieg, und Briseis' Entführung durch Agamemnon führt zu Achills Weigerung zu kämpfen. Ihre Rückgabe soll Achill in den Kampf holen und Hektor den Tod bringen, die Wende im Krieg herbeiführen. Beide Frauen sind Gefangene in den folgenden Kämpfen.

Helena ist paradoxerweise zugleich blendende Verführerin, eine Hure, die ihre Familie zerstört, wie ein zerbrechliches Wesen und ein Opfer der Umstände, das Motiv für den Krieg der Männer. Sie sitzt in der Falle: Sie weiß, beide Seiten geben ihr die Schuld an der Belagerung und hassen sie, da sie in deren Augen Männern den Untergang brachte. Der griechische Dramatiker Aischylos nennt Helena später *„Helenaus, Helenadros, Heleptolis"*: „Schiffezerstörer, Männerzerstörer, Stadtzerstörer".

Helenas Schicksal liegt bei den Göttern, und sie streitet mit Aphrodite, als diese Paris aus dem Duell mit Menelaos gerettet hat.

„Setz zu jenem dich hin und verlass der Unsterblichen Wandel …", doch die Göttin weist sie in ihre Schranken. Als Helena zu Paris geht, zeigt sich, dass sie Menelaos nicht hasst, und bei aller Liebe zu Paris auch ihre Heimat Sparta und die Kameradschaft mit Frauen ihres Alters vermisst. Sie hat keine Wahl, als in Troja zu bleiben, bis die Götter ihr Schicksal enthüllen. Bei Kriegsende folgt sie Menelaos zurück nach Sparta und zu ihren Pflichten als Königin.

Helena und Paris gelten bisweilen als sorgloses, lüsternes Liebespaar, als Antithese zu dem treu sorgenden, ehrenhaft vermählten Paar Hektor und Andromache. Andromache zeigt anders als Helena alle Tugenden einer Ehefrau: Treue, Keuschheit, Gehorsam und Selbstaufgabe. Doch beide Frauen teilen das gleiche Dilemma: Ihr Leben gehört ihnen nicht. Sie sind an die Handlungen der Männner in ihrem Leben gebunden, die wiederum von den Göttern diktiert werden. So gesehen sind beide Frauen Gefangene der patriarchalen Kulturen der Bronzezeit.

Idealbildnis der schönen Helena von Troja. Sah sie so aus?

Darstellung eines Sklavenmarkts auf der griechischen Insel Delos. Der Kauf und Verkauf von Sklaven war in der gesamten antiken Welt etwas ganz Alltägliches.

Bei seiner Ausgrabung der Burg von Pylos fand der Archäologe Carl Blegen ein Archiv mit rund tausend Linear-B-Tafeln. Es waren Verzeichnisse von Besitztümern, zu denen auch jene Sklavinnen von der hethitischen Westküste Kleinasiens gehörten.

Unter den Sklavinnen gab es „21 Frauen aus Knidos mit ihren 12 Töchtern und 10 Söhnen", „Frauen aus Milet" und „Frauen aus Troja". Dieser Eintrag schlug wie eine Bombe in die Welt der Archäologen ein: Hier war endlich ein Beweis, der Mykene mit Troja und der Gefangennahme von Frauen als Sklavinnen verband. Er erinnert an Agamemnons Auflistung seiner geplanten Beschwichtigungsgeschenke für Achill.

Diese Linear-B-Tafeln aus dem Palast von Pylos belegen, dass die Mykener in der gesamten Ägäis räuberische Überfälle durchführten. Ihre Beute bestand oft aus Frauen, deren Männer erschlagen wurden. Dann wurden die Frauen mit ihren Kindern verschleppt. Die einzige andere Möglichkeit, an Sklaven zu kommen, war ein Sklavenmarkt. Ein solcher existierte in Milet an der kleinasiatischen Westküste, einem Stadtstaat, der mehrfach zwischen den Händen der Mykener und der Hethiter hin- und herwechselte.

Bronzezeitliche Siedlungen waren so wenig befestigt, dass es leicht war, eine kleine Stadt zu erobern und die Bewohner gefangen zu nehmen; ein paar Schiffe reichten oft aus. Die Seevölker, die im zwölften Jahrhundert v. Chr. viele Kulturen in der Ägäis zerstörten, griffen oft nur mit etwa sieben Schiffen an. Doch um eine große Stadt einzunehmen, schlossen sich mehrere Stadtstaaten zusammen. Es ist wahrscheinlich, dass dann ein machtvoller König wie Agamemnon die Gruppe angeführt hätte.

Die Mykener waren nicht die einzigen Räuber in der Ägäis. Piyamaradu war ein prominenter hethitischer Plünderer, der nichts dabei fand, seine eigenen

Volksgenossen zu versklaven. Er hatte ehrgeizige Ziele, zum Beispiel, sich zum Herrscher von Wilusa (Troja) aufzuwerfen. Fast sicher strebte er nach einem Ruf als „Städteverwüster" – Homer zufolge ein Ehrentitel, den Agamemnon, Achill, Odysseus und selbst die Göttin Athena sich stolz auf ihre Fahnen hefteten.

Eine der Linear-B-Tafeln, die in Pylos gefunden wurde

Piyamaradu wollte etwas von dem, was die homerischen Helden bereits besaßen: den ruhmvollen Ruf als „Städteverwüster" und den damit verbundenen Reichtum. Raubzüge brachten immense Beute: Gold, Silber, Bronze, Waffen, Panzer, Pferde und Frauen. Die Formulierung „die Stadt und ihre Frauen" kommt in der *Ilias* häufiger vor; Achill sagt Odysseus, er habe 23 Städte verwüstet, mit „Schätzen und Frauen" als Bezahlung. Schöne Frauen galten als wertvoller, wie Agamemnon prahlt, als er Achill zwanzig der schönsten Trojanerinnen anbietet.

Das wohl wichtigste Motiv der heroischen Kriegerkönige der Bronzezeit war demnach Ruhm und Reichtum. Die beste Beute – die schönsten Frauen – erhielten die Anführer der Überfälle. Ehre und Reichtum sicherten diesen Königen die Gefolgschaft adeliger Krieger. Diese Krieger waren ein wichtiger Teil des Truppenaufgebots jedes Stadtstaates. Je größer das Ziel, desto größer die benötigte Streitkraft.

Homer schreibt, tausend Schiffe wurden ausgesandt, um Helena aus Troja zurückzuholen. Doch ist Helena nur eine Metapher für die große Zahl der Trojanerinnen, die leicht verfügbar waren? Was wurde aus diesen kleinasiatischen Frauen, die in den Linear-B-Tafeln als „Beute" geführt wurden? Dienten sie als Sexsklavinnen in den Schlafzimmern des mykenischen Adels oder wurden sie für Zwangsarbeit gebraucht? Wichtiger noch: Wie groß war Mykenes Bedarf an Sklaven? Hätte man einen Beutezug zu diesem Zweck gestartet?

Sklavenarbeit

Die meisten der Hunderten Sklavinnen verrichteten im „sandigen Pylos" manuelle Arbeit. Die Palastverwalter teilten sie zu. Sie umfasste vor allem das Kardieren von Wolle, das Spinnen, Weben, Nähen und Besticken von Stoff.

Zu den niederen, körperlich anstrengenden Arbeiten gehörte das Mahlen von Mehl, das Putzen des Palastes, das Tragen von Wasser und das Vorbereiten von Flachs am Flussufer. Andere arbeiteten als persönliche Dienerinnen für die Palastelite; das allerdings war die Ausnahme.

Sklavinnen erhielten keinen Lohn, sondern eine monatliche Zuteilung von Feigen und Weizen, 24 Liter pro Person, für ihren Lebensunterhalt. Mehrere Linear-B-Tafeln erwähnen allerdings eine Sklavin namens Kassandra, die bis zu 25-mal mehr Feigen und Weizen als ihre Genossinnen erhielt. Eine plausible Erklärung dafür wäre, dass Kassandra eine Sklavenaufseherin war, deren Aufgabe es war, die Rationen auszuteilen. Es ist interessant, dass es sogar unter den mykenischen Sklaven eine strenge Hierarchie gab, die jene der freien Frauen des Palastes widerspiegelte.

Pylos ist ein für das mykenische Griechenland typisches Modell einer Palastburg. Ähnliche Tafeln wurden auch in Knossos auf Kreta gefunden, einem weiteren mykenischen Stadtstaat, der zuvor den Minoern gehört hatte. Gemeinsam enthalten diese Tafeln Angaben zu über 2000 freien mykenischen Frauen.

Es fällt auf, dass Frauen mit einem religiösen Amt Land pachten durften – damals für Frauen eine Seltenheit und verglichen mit der Rolle von Frauen in Homers eigener Zeit oder im späteren klassischen Griechenland besonders überraschend. Damals hatten Frauen kein Recht auf Besitz und waren generell ans Haus gebunden.

Das bedeutet nicht, dass Mykene eine egalitäre Gesellschaft war. Sie war zutiefst patriarchal und Frauen hatten nicht die gleichen Rechte wie Männer. Doch Priesterinnen genossen in Pylos größere Freiheiten. Die Linear-B-Tafeln nennen 120 Frauen mit religiösen Titeln – Priesterin, Schlüsselbewahrerin, Dienerin des Gottes, Dienerin der Priesterin, Dienerin der Schlüsselbewahrerin –, die Zugang hatten zu Materialien wie Bronze oder Textilien für den kultischen und persönlichen Gebrauch.

Antike griechische Sklavinnen. Darstellung in einer Zeitschrift

Diese Tafel enthält einen Kaufvertrag für eine Sklavin aus dem antiken Makedonien.

Zusätzlich konnten sie Tempelland profitabel nutzen. In Pylos wurde eine Priesterin aufgeführt, die 14 Sklavinnen hatte.

Handelswaren

Sklavenarbeit verband Mykene, die Hethiter und Troja. Mykene und Hatti waren lokale Supermächte, die durch Krieg, Handel und Handwerk wuchsen. Die Paläste von Pylos, Mykene und Tiryns zum Beispiel bildeten eine Art Festungsring um die Ebene von Argos, wo Nahrungsmittel angebaut und andere lebensnotwendige Dinge erzeugt wurden.

Sklaven waren ein unverzichtbarer Teil der Wirtschaft; sie versorgten die wachsende Bevölkerung Mykenes. Wegen seiner Expansionspolitik waren mehr hungrige Mäuler zu stopfen, die Geburtenrate stieg

Pylos' Völkerlisten

Viele der Menschen, die in den Linear-B-Tafeln aus Pylos aufgelistet sind, kommen aus Gebieten der östlichen Ägäis, zum Beispiel aus Milet in Kleinasien, Lemnos, Zephyria (laut Strabon ein alter Name für Halikarnass), Chios und Aswija. Aswija ist ein Name, der auch in anderen mykenischen Siedlungen gefunden wurde und sich vielleicht auf Lydien oder hethitisch Assuwa bezieht, woher vielleicht der Name Asien stammt. Die Tafeln listen „lawiaai“ oder Gefangene auf, die zu Hunderten aus Kleinasien entführt worden waren: Von 750 Frauen ist die Rede, mitsamt ihren Kindern, 400 Mädchen und 300 Knaben. Das stimmt mit einem Bericht auf den hethitischen Keilschrifttafeln überein, die in Hattuša gefunden wurden, demzufolge der rebellische hethitische Adelige Piyamaradu von der kleinasiatischen Westküste davonsegelte und 7000 Gefangene mitnahm. Doch Sklaven kamen nicht nur aus Hatti, dem Hethiterreich. Homer zufolge entführten die Mykener auch aus ihren eigenen Gewässern Frauen, darunter von den Inseln Lesbos, Tenedos und Skyros.

im 13. Jahrhundert und auch Sklaven brauchten Nahrung. Dasselbe galt für das Hethiterreich. In Hatti waren die einfachsten Menschen Bauern, die sich mühsam durchschlugen, wärend sie Nahrung für die Städte anbauten, die vollständig von ihnen abhängig waren. Keilschrifttafeln in Hattuša berichten von Hungersnöten, nachdem der König nach Kriegen ganze Dörfer verlegt hatte. Ohne Sklaven auf den Feldern wäre das Reich wohl verhungert.

Diese bäuerlichen Betriebe erzeugten auch Güter für den Export. Wolle, das Hauptmaterial für Kleidung, war das Wichtigste; Hatti und Mykene hatten beide einen blühenden Wollhandel. Die Linear-B-Tafeln aus Knossos zeigen, dass über 1000 Sklavinnen in der Textilherstellung des Palastes arbeiteten. Wolle wurde kardiert, gesponnen und dann als gewebtes Tuch exportiert. Die Tafeln enthalten die Details dieser Textilindustrie in langen Listen von Zahlen und Berechnungen. Demnach gab es 100 000 Schafe in Knossos neben einer kleinen Armee aus Hirten und Scherern. Zuteilungen von Wolle an die Weber, Produktionsziele und die Menge fertigen Tuchs wurden ebenso festgehalten.

MYKENE WAR KEINE EGALITÄRE GESELLSCHAFT. SIE WAR ZUTIEFST PATRIARCHAL. FRAUEN HATTEN NICHT DIE GLEICHEN RECHTE WIE MÄNNER.

Sklavinnen aus Kleinasien waren begehrt, da sie Wolle verarbeiten konnten. Qualifizierte Sklaven waren eine besonders wertvolle Ware. In Troja wurden unter den

Ruinen von Hattuša, der ehemals großen Hauptstadt der Hethiter, heute nur noch ein Trümmerfeld

Eine der zahllosen Keilschrifttafeln aus der Grabung in Hattuša

Trümmern von Troja VI und VII, den Städten, die zur Zeit des Trojanischen Kriegs bestanden, Hunderte Spinnwirtel gefunden. Troja erzeugte eigene Wolle, importierte aber auch Wollprodukte. Stoffe aus mykenischer Wolle besaßen im Hethiterreich den Reiz des Exotischen. Andere Luxusgüter aus Mykene fand man in Troja, darunter dekorierte Straußeneier, Elfenbeinkästchen und Dreifußkessel.

Das verbreitetste mykenische Produkt jedoch, das in Troja gefunden wurde, war Keramik. Tongefäße aus Mykene, besonders die sogenannten Steigbügelkannen, sind in den bronzezeitlichen Siedlungen der Ägäis fast allgegenwärtig. Troja scheint einer von Mykenes größten Abnehmern gewesen zu sein. Im Schutt von Troja wurden große Mengen mykenischer Keramik gefunden, die vom sechzehnten bis zur ersten Hälfte des 13. Jahrhunderts v. Chr. zu datieren sind. Um 1250 v. Chr. endet die Lieferung dieser Keramik. Das würde zum historischen Zeitrahmen des Trojanischen Krieges gut passen.

Nicht nur Troja und Mykene waren durch Handel verbunden, sondern auch die große Mehrheit der Städte rings um das Mittelmeer. Viele bronzezeitliche

Darstellung eines griechischen Sklavenmarktes nach einem Gemälde von W. S. Bagdatopoulus (1888–1965)

Frauen im Palast

Die Linear-B-Tafeln verraten fast nichts über die adeligen Frauen, die die Paläste bewohnten. Frauen tragen auf Bildern – auf Freskenfragmenten oder in Schmuck eingraviert – feine Gewänder, sind geschminkt, oft barbusig und tragen Gold- und Bronzeschmuck. Die Verehrung adeliger mykenischer Frauen würde zu der Theorie passen, dass die Krone nicht vom Vater auf den Sohn, sondern von der Mutter auf die Tochter überging. Bei Homer wird das bei Menelaos und Helena zum Thema: Helena ist die Königin von Sparta und Menelaos ist nur durch Heirat an seinen Königstitel gekommen. Manche argumentieren, dass das erklärt, wieso Menelaos so zornig über Helenas Entführung ist: Ohne sie hatte er in Sparta nicht viel zu sagen.

Wir wissen jedoch noch mehr über die adeligen Frauen der Hethiter, die bei Hof bemerkenswert viel Macht ausübten. Die Königin der Hethiter war zugleich Hohepriesterin des Reiches; sie teilte das Siegel mit dem König, konnte also offizielle Dokumente signieren. Nach Tod des Königs würde sie an seiner Stelle regieren, wenn auch gemeinsam mit seinem Erben. Den Keilschrifttafeln aus Hattuša zufolge schuf das oft Probleme mit der Frau des neuen Herrschers.

Die Königin Puduhepa korrespondierte direkt mit dem ägyptischen Pharao Ramses II. und handelte sogar die Details seiner Heirat mit einer ihrer Töchter aus. Es spricht für ihre Stellung und Macht, dass Puduhepa Ramses tadelt, weil er sie wegen der vereinbarten Mitgift zur Eile antrieb – eine Summe, die sie nur schwer aufbringen konnte, nachdem das Schatzhaus von Hattuša abgebrannt war:

Besitzt mein Bruder [Ramses] denn gar nichts? Nur wenn der Sohn des Sonnengottes, der Sohn des Sturmgottes und das Meer nichts haben, hast du nichts! Doch mein Bruder, du versuchst dich auf meine Kosten zu bereichern. Das ist weder deinem Ruf noch deinem Rang angemessen. – Puduhepa, Königin von Hatti.

Tafel mit Korrespondenz der Königin Puduhepa, der Frau von Hattušili III.

Ausschnitt aus der Kriegervase, ein Fund Heinrich Schliemanns in Mykene

Schiffswracks vor der türkischen West- und Südküste zeigen, dass ein dichtes Netz von Handelsschifffahrtslinien zwischen Mykene und Hatti die Ägäis überzog. Vor dem türkischen Kap Gelidonya fand sich in einem Schiffswrack aus dem dreizehnten Jahrhundert ein großer Vorrat an Schaufeln, Äxten, Hacken und 100 Kupferbarren, jeder rund 23 kg schwer.

Kupfer und Zinn aus Kleinasien und Zypern waren für Mykene lebenswichtig. Trotz ihrer eigenen Ackerbau- und Handwerksproduktion waren die Stadtstaaten zu klein, um sich völlig selbst zu versorgen. Rohstoffe, besonders Zinn und Kupfer für die Herstellung von Bronzewaffen, mussten importiert werden. Wir wissen auch, dass manche dieser Rohstoffe aus Troja geliefert wurden.

Stellen wir uns also vor, wie große mykenische Handelsschiffe von Troja ablegten, beladen mit Zinn und Kupfer, Wollballen und Pferden von den östlichen Ebenen Anatoliens. Vielleicht waren auch Sklaven an Bord, die Wolle verarbeiten konnten. Vielleicht würden die Schiffe aber auch auf dem Sklavenmarkt von Milet Arbeitskräfte einkaufen. War die Ladung in einer Hafenstadt wie Tiryns gelöscht, würden die Handelsschiffe wieder nach Osten segeln, diesmal beladen mit Steigbügelkannen voller Wein, Parfum und Olivenöl, gewebtem Tuch und anderer wollener Kleidung; und mit Bronzewaffen, für die die mykenischen Krieger berühmt waren. Für die Mykener waren diese der Schlüssel zur Kontrolle über ihre Königreiche und zur Ausdehnung ihres Einflusses durch Handel und Krieg. Wesentliches

Element in beidem waren Sklaven. Sklaven wurden auf den Feldern und in den Werkstätten gebraucht, und Kriege sorgten für mehr Sklaven.

Wie Homer beschreibt, machten Sklavinnen die adelige Kriegerelite eines Stadtstaats glücklich. Und ohne diese Adeligen gab es keine Streitmacht und keine politische Machtbasis. Um dafür zu sorgen, dass sie genug Sklaven und Schätze hatten, griffen die mykenischen Könige regelmäßig überseeische Siedlungen an. Ständige Überfälle und Kriege waren daher für fast alle bronzezeitlichen Königtümer eine Notwendigkeit, besonders für eine ehrgeizige Supermacht wie das mykenische Reich.

Die Finanzierung der Pracht

Totschlag und Versklavung von Besiegten werden in Homers Epos gefeiert. Der Titel „Städteverwüster" war eine Ehre und eine Quelle von Ruhm, den man mühsam erwarb und mit Stolz trug.

Pracht und Reichtum waren für die Spitze der mykenischen Hierarchie ganz wichtig. Die Könige bewohnten reich geschmückte Paläste mit Marmor aus ganz Griechenland. Architekten und Innenausstatter reisten vielleicht durch ganz Mykene und füllten die Paläste und Häuser der Kriegerkönige mit leuchtenden Farben und Motiven. Hier lebte das Gefolge von adeligen Kriegern, Männer, die ein hohes Maß an Komfort und Fülle auf Kosten ihrer Anführer erwarteten. Viel Reichtum war nötig, um diese Krieger mit Schätzen, Sklaven, Waffen, Panzern und teuren Grabstätten auszustatten. Dazu kamen die Bedürfnisse einer jeden Stadt: Nahrung, Wasser, grundlegende Infrastruktur, Gebäude. Einem König wie Agamemnon muss der Betrieb und die Finanzierung seines Stadtstaates viel Kopfzerbrechen bereitet haben.

Die Lebenserwartung einer Sklavin in Mykene war kurz. Es gab noch keine moderne Medizin; viele Knochen aus mykenischen Gräbern weisen auf einen Tod an Infektionskrankheiten hin, wie z. B. Knochenmarksentzündung und Brucellose, eine hoch ansteckende Krankheit, die durch unpasteurisierter Milch ausgelöst wird. Unbehandelt führten beide Krankheiten zu einem schmerzhaften Tod. Viele der Opfer in den Gräbern waren Kinder unter fünf Jahren. Das Leben war kurz und hart für Sklaven in der Bronzezeit, daher wurde ständig Ersatz benötigt.

In Pylos rangieren Sklaven – 21 Frauen aus Knidos, 10 Knaben, 12 Mädchen – unter wertvoller Kriegsausrüstung und Luxusgütern: einem Elfenbeinspiegel, einem achtförmigen Schild, einem goldenen Stuhl mit Silbereinlagen und einem Streitwagen, geschmückt in Purpur und Elfenbein. Exotische Gegenstände aus edlen Metallen wurden von den Adeligen an einem mykenischen Hof erwartet.

Im Laufe der Zeit entwickelten mykenische Könige für den Unterhalt ihres Lebensstils ein funktionierendes System. Es beruhte auf der Stabilität der Wirtschaft der Bronzezeit. Doch ab dem dreizehnten

Mykenische Steigbügelkanne, entstanden um 1200 v. Chr. Sie diente wahrscheinlich zum Transport von Flüssigkeiten.

Zeichnung des Gräberkreises in der mykenischen Burg.

Jahrhundert v. Chr., auf dem Höhepunkt der mykenischen Kultur, erlebte die Bronzezeit einen wirtschaftlichen Abstieg.

Zum Teil beruhte er auf der Instabilität durch die Überfälle. Die Mykener waren daran beteiligt, aber auch ein abtrünniger adeliger Hethiter wie Piyamaradu. Daneben gab es schlechter zu fassende Randgruppen; Piraten und Opportunisten, die ihr Glück versuchten. Manche von ihnen wurden später mit den rätselhaften Seevölkern identifiziert, die den Zusammenbruch der Bronzezeit verursachten und die zivilisierte Welt in die dunklen Jahrhunderte stürzten.

Überfälle waren jedoch nicht das einzige Problem: Die Stadtstaaten hatten auch mit Überbevölkerung zu kämpfen, ferner mit Missernten und mit Trockenheit. Zugleich wurden Zitadellen und Mauern verstärkt. Also beunruhigte die Mykener eine Bedrohung außerhalb ihrer Stadtmauern.

TROJA WAR ZU DIESER ZEIT DAS FUNKELNDE JUWEL AN DER WESTKÜSTE KLEINASIENS, REICHE BEUTE FÜR JEDEN „STÄDTEVERWÜSTER".

Wahrscheinlich schwand zugleich ihre Macht im östlichen Mittelmeer. Milet, die mykenische Stadt an der kleinasiatischen Westküste, wurde von den Hethitern eingefordert. Ohne die Kontrolle über den Sklavenmarkt in Milet mussten sich die Mykener anderswo nach Sklaven umsehen – vielleicht weiter im Norden und vielleicht in der Stadt Troja.

Troja war zu dieser Zeit das funkelnde Juwel an der Westküste Kleinasiens, reiche

Beute für jeden „Städteverwüster". Es erlebte allerdings auch Katastrophen, auf die es keinen Einfluss hatte, wie das Erdbeben, das die Stadt so stark beschädigte. War dieses Troja mit geschwächten Mauern und einer durcheinandergewirbelten Infrastruktur eine zu große Versuchung für die mykenischen Griechen, deren Strukturen und Städte gerade im Niedergang begriffen waren? Würde die Plünderung Trojas genug Reichtum und Frauen abwerfen, um das mykenische Reich für einige weitere Jahrzehnte zu stützen? Würde die Beute die mykenischen Arbeitskräfte stärken und den unstillbaren Hunger der Adeligen nach Reichtümern stillen? Stand Gier hinter einem großen Raubzug nach Troja – oder Notwendigkeit? Wäre die Entführung einer mykenischen Königin wie Helena ein ausreichendes Motiv?

Diese Fragen werden wir vielleicht nie beantworten können, denn die Linear-B-Tafeln aus dem mykenischen Reich sind nur Inventare von Besitztümern, Sklaven und Gegenständen. Die Keilschrifttafeln von Hattuša enthalten Verträge und Gesetze, Listen und Briefe. Nichts in diesen Quellen berichtet von der Plünderung Trojas und dem Entsetzen, das sie bei allen auslöste, die dabei waren. Dies beschreiben

Der kleine Ajax attackiert Priamos' Tochter Kassandra am Kultbild der Athena. Römisches Fresko aus Pompeji.

Odysseus bei seiner Frau Penelope. Im Hintergrund die Amme, die ihn an einer Narbe erkannte. Gemälde von J. H. W. Tischbein.

Opfer des Krieges

Homer zeigt die schrecklichen Folgen von Krieg und Belagerung für Frauen. In Troja wird Priamos' Tochter Kassandra vom Kleinen Ajax am Altar der Athena vergewaltigt, von Agamemnon als Sklavin genommen und später von dessen Frau Klytaimnestra ermordet. Ihre Schwester Polyxena wird auf Achills Grabhügel geschleppt, ihr wird die Kehle durchgeschnitten und sie so geopfert. Andromache wird von Achills Sohn Neoptolemos (auch: Pyrrhos) als Beute genommen; ihr Sohn mit Hektor, Astyanax, wird auf den Stadtmauern zerschmettert. Priamos' Frau Hekabe wird Odysseus als Beute gegeben, uns Dichter; ihre Verse erinnern an das Leiden aller Frauen, die je in einem Krieg gefangen genommen wurden.

Sex und Gewalt

Die meisten Frauen, die als Sklavinnen entführt wurden, mussten in den großen Gütern Mykenes arbeiten. Andere hatten das Schicksal, ihren Entführern als Sexsklavinnen zu dienen. Bei Homer erwähnt König Nestor von Pylos stolz Achills Erfolge als Städteverwüster und Frauenräuber. Er selbst profitierte von einem dieser Raubzüge: Nestor erhielt die schöne Hekamede, die göttergleich aussah und seine Dienerin und Bettgenossin werden sollte.

Homers Liste von eroberten Orten und geraubten Frauen ist lang. Iphis von der Insel Skyros war Bettgenossin des Patroklos; Diomede von der Insel Lesbos war für Achills Bett bestimmt und sieben weitere Frauen von Lesbos ergänzten Agamemnons Sammlung. Homer spricht im Zusammenhang mit diesen Frauen nicht von Vergewaltigung. Doch das Thema ist unterschwellig präsent. Homers Griechen, die Männer mordeten und ihre Frauen raubten, hatten eine Art Unterweltsmentalität: Achill schlachtet Briseis' Familie ab und nimmt sie selbst dann für sein Bett; die Griechen prahlen damit, wie sie die Frauen Trojas nach dessen Zerstörung schnappen würden. Frauen sind Spielsachen zum Vergnügen der Krieger und die erhoffte Bezahlung für die Schlachterei. Nestor selbst macht es deutlich; er empfiehlt, dass kein Mann heimsegeln solle, ehe er nicht mit der Frau eines Trojaners geschlafen habe.

Die damit verbundene sexuelle Gewalt wird bei Homer nie im Detail zum Thema. Doch macht er klar, dass für viele aus ihrer Heimat geraubte Frauen der Bronzezeit Vergewaltigungen zu ihrem Schicksal gehörten.

knurrt ihn aber so giftig an, dass die Götter sie in einen Hund verwandeln und sie fliehen kann.

Nach der Zerstörung von Troja packen die übrigen griechischen Krieger für die Heimfahrt. Vielen steht eine lange, turbulente Reise bevor und manchen ein böses Ende durch eine Frau. Agamemnon wird von seiner Frau Klytaimnestra am Tag seiner Heimkunft ermordet. Diomedes kommt heim zu einer treulosen Frau; sein Königreich existiert nicht mehr. Odysseus, der Erbauer des Trojanischen Pferdes, das Troja besiegte, findet Penelope, mit der er 20 Jahre lang verheiratet war, bedrängt von Freiern. Er erschlägt die Männer und richtet dann auch die Dienerinnen seines Hauses hin, die deren Liebhaberinnen waren. Die Gebeine von Ajax, Achill und Patroklos bleiben auf der Ebene von Troja.

Und was passierte mit Helena, als Troja schamlosem Morden, Vergewaltigen und Plündern zum Opfer fiel? Ein ähnliches Schicksal wäre für sie zu erwarten, da ein tobender Menelaos geschworen hatte, sie zu ermorden, sobald er sie sähe. Doch ihre Schönheit siegte, denn als ihr wütender Mann in ihr Zimmer kam, mit gezücktem Schwert, entblößte sie die Brust, und er verzieh ihr, ohne jeden Vorwurf. Helena kehrte nach Sparta zurück und nahm ihre Rolle als Königin wieder auf. Zu ihren Pflichten gehörte die Aufsicht über das Heer von Sklavinnen, die in dem Anwesen arbeiteten – Frauen wie sie, nur ohne königliches Blut oder blendendes Aussehen.

Helena und Menelaos wurden alt. In der *Odyssee* besucht sie Odysseus' Sohn in ihrem Palast in Sparta. Helena lädt ihn ein, Platz zu nehmen und zu essen und sich unterhalten zu lassen. Dann erzählt sie vom Trojanischen Krieg und von ihrem eigenen Versuch, die griechischen Helden im Pferd zu narren, indem sie es umkreiste und zu ihnen mit der Stimme ihrer Frauen sprach. „Dieses alles ist wahr, o Helena, was du erzählest", stimmt Menelaos sanft zu.

Homers letzte Worte zum Trojanischen Krieg stammen aus der *Odyssee*. Odysseus hört vom Untergang Trojas und weint. Wieder ist es das Bild einer Witwe, die versklavt wird:

Dieses sang der berühmte Demodokos. Aber Odysseus schmolz in Wehmut, Tränen benetzten ihm Wimpern und Wangen. Also weinet ein Weib und stürzt auf den lieben Gemahl hin, der vor seiner Stadt und vor seinem Volke dahinsank, streitend, den grausamen Tag von der Stadt und den Kindern zu fernen; jene sieht ihn jetzt mit dem Tode ringend und zuckend, schlingt sie sich um ihn und heult laut auf; die Feinde von hinten schlagen wild mit der Lanze den Rücken ihr und die Schultern, binden und schleppen als Sklavin sie fort zu Jammer und Arbeit; und im erbärmlichsten Elend verblühn ihr die reizenden Wangen: so zum Erbarmen entstürzt' Odysseus' Augen die Träne. – Homer, *Odyssee*, Buch VIII.

Menelaos und seine entführte Frau Helena, Steinrelief um 600 v. Chr.

Kapitel 4

Die Grausamkeit der Belagerung

Gewaltsamer Tod ist in der Geschichte von Troja allgegenwärtig. Homer erzählt erschreckend genau, wie Krieger sterben. Kriege in der Bronzezeit waren brutal, doch der Tod ist in der *Ilias* nie anonym. Seine Opfer tragen Namen und haben eine Geschichte.

Die *Ilias*, für viele das erste große Buch der Welt, ist vor allem ein Buch über Krieg. Um die Welt zu verstehen, müssen wir auch den Krieg verstehen, der einer der Motoren der Geschichte ist. Homers Erzählung zeigt die Grausamkeit und Brutalität des Krieges, doch auch deren Wurzeln in Zorn und Rache. Zorn lässt Achill schmollen, nachdem Agamemnon ihm seine Sklavin Briseis weggenommen hat; Zorn holt ihn nach dem Tod des Patroklos zurück ins Leben als Krieger.

Für Patroklos ist es nicht Zorn; es ist Lust auf Ruhm und Mitgefühl mit den Griechen, was ihn aufs Schlachtfeld zieht. Er fleht Achill unter Tränen an und darf sich schließlich auf den Kampf vorbereiten. Zur Verwirrung der Gegner legt er Achills Ausrüstung an: bronzene Beinschienen mit Silberspangen, den reich mit Intarsien verzierten Panzer, hängt dann „das Schwert voll silberner Buckel, eherner Kling, und darauf den Schild auch" um die Schulter. Mit dem Helm „von Rosshaaren umwallt, und fürchterlich winkte der Helmbusch" und zwei Lanzen ist Patroklos bereit zum Gefecht. Homer beschreibt seinen Kampf gegen Thestor und Erylaos so:

Da stieß ihm jener genahet rechts in den Backen den Speer, und ganz ihm die Zähne

GEGENÜBER: *Reiterkampf vor Troja. Gemälde von Noël Jallier, 16. Jahrhundert*

Achill beim Trankopfer an Zeus, in dem er ihn bittet, Patroklos zu schützen. Illustration aus der „Ilias Ambrosiana", um 500 n. Chr.

durchbohrt' er; über den Rand dann zog er am Schaft ihn; gleich wie ein Fischer, auf vorragender Klippe gesetzet, den gewaltigen Meerfisch aufwärts zieht aus den Fluten an Schnur und eherner Angel: so an blinkender Lanze den Schnappenden zog er vom Sessel, stieß ihn dann aufs Gesicht; und der Fallende hauchte den Geist aus. Jener nun warf Erylaos, der gegen ihn lief, mit dem Steine grad auf die Mitte des Haupts; und ganz voneinander zerbarst es unter dem lastenden Helm, und vorwärts bis hin auf den Boden taumelt' er; aber des Todes entseelender Schauer umfloss ihn. – Homer, *Ilias*, Buch XVI.

Der Altphilologe Bernard Knox betont, dass der Vergleich mit dem Fisch an der Angel dazu dient, die Brutalität dieses Tötens zu unterstreichen. Der Tod wird von außen betrachtet, nicht wie der Mann selbst ihn erlebt. Der Mensch wird zum Fisch. Ebenso unsentimental sind auch andere Kampfbeschreibungen Homers:

Siehe, Peneleos rannt' und Lykon zugleich aneinander, denn mit Lanzen verfehlten sie beid' und warfen vergebens; jetzt mit erhobenem Schwert anrannten sie: Lykon zuerst nun traf den gekegelten Helm an dem Rossbusch, aber am Hefte sprang ihm die Klinge zerknickt; Oeneleos unter dem Ohr ihm schwang in den Nacken das Schwert, ganz taucht' es hinein, und die Haut nur hing, und getrennt hinschwebte das Haupt, ihm erschlafften die Glieder. Aber Meriones haschte den Akamas hurtigen Laufes, als er den Wagen bestieg, und stach ihm rechts in die Schulter; und er entsank dem Gefährt, und Nacht umzog ihm die Augen. Aber Idomeneus traf in Erymas' Mund mit des Erzes Stoß; und es drang aus dem Nacken die eherne Lanze durchbohrend unter dem Hirn ihm hervor und zerbrach die Knochen des Hauptes; und ihm entstürzten die Zähn', und Blut erfüllte die Augen beid', auch atmet er Blut aufs dem offenen Mund und der Nase röchelnd empor; und dunkles Gewölk des Todes umhüllt' ihn. – Homer, *Ilias*, Buch XVI.

Viele der 170 Kampfszenen der *Ilias* berichten auch von dem Leben, das so brutal endete: „Doch einen erschlug er [Hektor], Mykenens Held Periphetes, Kopreus Sohn, des berühmten, der einst des Königs Eurystheus Botschaft pflegte zu bringen der hohen Kraft Herakles': Ihm ein besserer Sohn, dem schlechteren Vater, gezeuget". Oder: „Und er [Patroklos] traf den Pyraichmes, der gaulgewandte Paionen führt' aus Amydon her, von des Axios breitem Gewässer; rechts ihm durchbohrt' er die Schulter; und rücklings hinab auf den Boden taumelt' er, laut wehklagend." Das Opfer war eine Person mit Hintergrund und Familie, sein Tod ist beklagenswert.

Manchmal verleihen biografische Details dem Tod besonderes Pathos. So in Buch VI etwa, als Diomedes den Axylos erschlug, den Sohn des Teuthrans aus Arisbe; „auch war er geliebt von den Menschen, weil er alle mit Lieb' herbergete"; doch keiner seiner Gäste war da, um sein Leben zu retten.

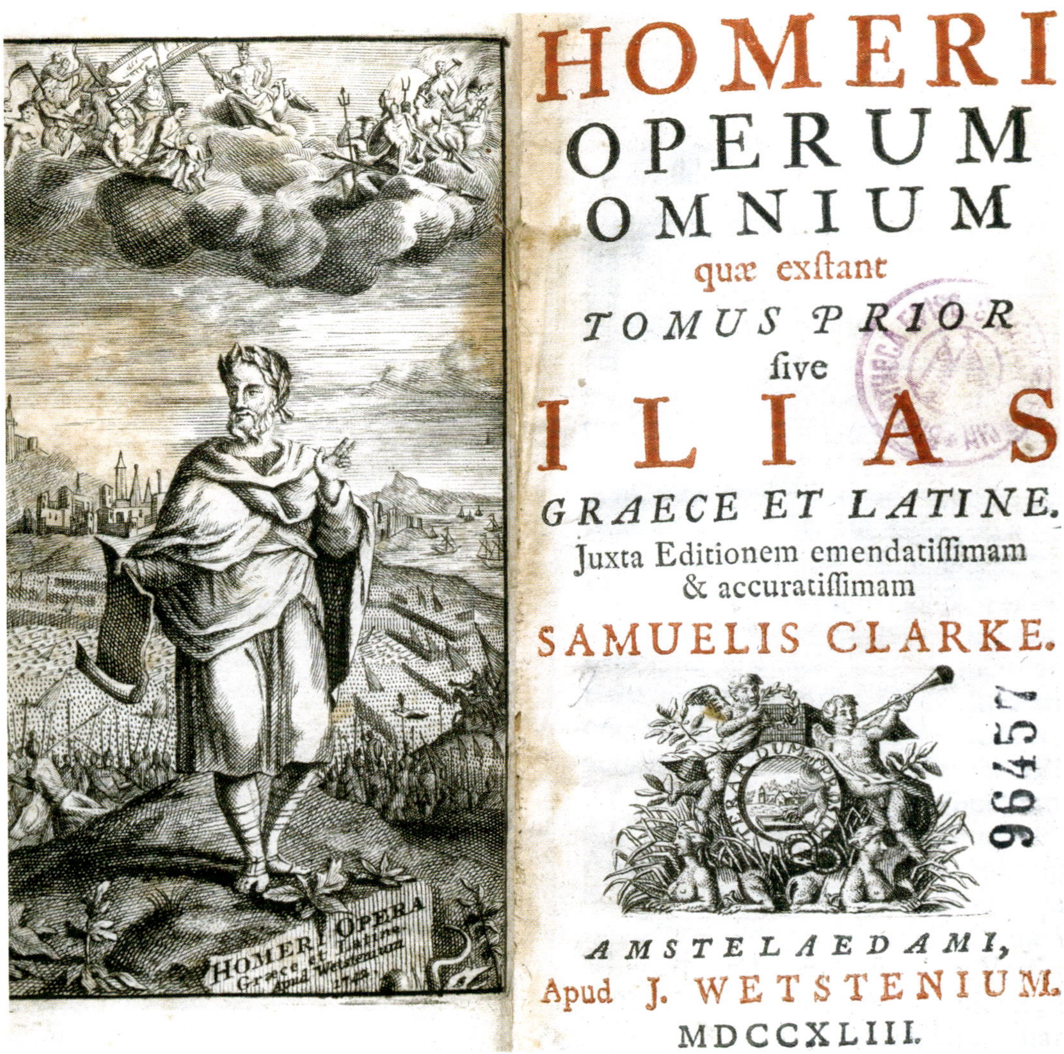

Eine Iliasausgabe in griechischer und lateinischer Sprache aus dem Jahr 1743

Ehre und Ruhm

Während Homer zeigt, wie schrecklich Krieg ist, beschreibt er auch den Ruhm, den Preis an Ehre und *aristeia*, oder großartige Tapferkeit in der Schlacht. *Aristeia* ist das, wonach Patroklos strebt, als er in den Kampf zieht, und es treibt ihn zu mutwilligem Gemetzel. Krieg ist das, wofür die Kriegerkönige und Helden der mykenischen Stadtstaaten ihre Heimat verlassen und die Schlacht wurde begierig erwartet. Hier „erwerben Männer Ruhm".

DER HUNGER NACH RUHM UND BERÜHMTHEIT ODER GRIECHISCH *KLEOS* TRIEB MYKENISCHE ADELIGE WIE ACHILL NACH TROJA.

Der Hunger nach Ruhm und Berühmtheit oder griechisch *kleos* trieb mykenische Adelige wie Achill nach Troja. Achills Mutter, die unsterbliche Nymphe Thetis, hatte ihn vor seinem Schicksal gewarnt.

Er hatte die Wahl: ein langes Leben im Dunkeln zu leben oder jung und ruhmvoll auf dem Feld vor Troja zu sterben. Letzteres würde ihn für alle Zeit „unsterblich“ machen. Doch er sollte vor Troja fallen, Opfer der einzigen Schwachstelle, die ihm zur Unverwundbarkeit fehlte – seiner Ferse. Thetis hatte versucht, Achill unsterblich zu machen, indem sie ihn als Baby in den Fluss Styx getaucht hatte. Doch es gab einen Körperteil, den das Wasser nicht berührte: Die Ferse, an der Thetis ihn hielt. Achill sollte schließlich von einem Pfeil durch die Ferse getroffen werden, den Paris abschoss. Der größte Held des Krieges starb durch die Hand des größten Feiglings.

Auch Hektor sollte in Troja unsterblichen Ruhm erringen, denn so wünschte es Zeus, „der jenem allein in mächtigen Scharen der Männer Preis und Herrlichkeit gab: denn wenige Tage nur waren ihm gewährt“.

Homer zeigt uns, dass nur ein hochrangiger Krieger, der eine herausragende Leistung erbrachte, Ruhm erwerben konnte. Das konnte bedeuten, einen anderen

Hektor befiehlt seinen Kriegern, das Schiffslager der Griechen im Auge zu behalten. Illustration aus der „Ilias Ambrosiana“, um 500 n. Chr.

Thetis taucht ihren Sohn Achill in den Unterwelts-fluss Styx, um ihn unsterb-lich zu machen. Die Ferse jedoch, an der sie ihn hielt, wurde nicht untergetaucht.

hochrangigen Krieger zu erschlagen, eine Festung zu schleifen oder viele Gegner hintereinander zu töten. Die meiste Gewalt vor Troja brachte den beteiligten Kriegern daher keinen Ruhm; dieser wartete nur auf die Tapfersten und Besten von ihnen.

Hektor stand schließlich vor einem Dilemma: mit Achill zu kämpfen, seinen Ruf zu behalten und die Belagerung vielleicht rasch zu beenden; oder in Troja zu bleiben und auf Zeit zu spielen in der Hoffnung, dass seine Erfolge im Kampf allmählich die Griechen schwächen würden. Seine Lage war ähnlich aussichtslos wie die Frage, vor der Achill stand: mit Glanz und Gloria zu sterben oder als Unbekannter ein hohes Alter zu erreichen.

Auf in den Kampf

Bei Homer wirkt Kampf durchaus verführerisch: Nestor fordert Agamemnon auf: *Auf denn, und heiß' ausrufend die Herolde rings der Achaier erzumpanzertes Volk umher bei den Schiffen versammeln. Wir dann wollen gesellt das weite Heer der Achaier alle durchgehn, um schneller die wütende Schlacht zu erregen. [...] Zugleich ging Pallas Athene, haltend die Aigis voll Pracht, nie alternd stets und unsterblich: hundert zierliche Quasten aus lauterem Golde geflochten hingen daran, und vom Werte der Hekatombe war jede. Hiermit weithinleuchtend, durchflog sie das Heer der Achaier, trieb sie zur Eile und rüstete jegliches Mannes Busen mit Kraft, rastlos im Streite zu stehn und zu kämpfen. Allen sofort schien süßer der Kampf, als wiederzukehren in den geräumigen Schiffen zum lieben Lande der Väter. Wie ein vertilgendes Feuer entbrennt in unendlicher Waldung auf den Höhn des Gebirgs, und fern die Flamme gesehn ward, also dem wandelnden Heer entflog von dem prangenden Erze weithin leuchtender Glanz und durchstrahlte die Luft bis zum Himmel.* – Homer, *Ilias*, Buch II.

Ein solcher Aufmarsch eines angreifenden Heeres war ganz nach dem Herzen der griechischen Leser einer solchen Heldengeschichte. Ehre und Heldentum im Kampf lassen sich jedoch nur schwer unter einen Hut bringen, besonders in der Verwirrung eines ganztägigen Nahkampfs.

Die langen Kolonnen von Kämpfern wurden von Königen und adeligen Kriegern angeführt, Männern wie Agamemnon und Achill bei den Griechen und Paris und Hektor bei den Trojanern. Der soziale Stand eines Kriegers der Bronzezeit war dabei leicht an seiner Bewaffnung erkennbar. Die hochrangigen Adeligen wie Patroklos waren voll bewaffnet, mit federgeschmücktem Helm, Beinschienen, Schild und einem Körperpanzer, der Brust, Bauch und Rücken schützte.

Grausige Berichterstattung

Homers Beschreibung des Todes einzelner Krieger ist kurz, bildhaft, schockierend genau und geht manchmal bis an die Grenze anatomischer Wahrscheinlichkeit.

„Auch dem Chersidamas rannt' er [Odysseus], der schnell vom Wagen herabsprang, unter dem buckligen Schild den scharfen Speer in den Nabel tief; und er sank in den Staub, mit der Hand den Boden ergreifend." – Homer, *Ilias*, Buch XI.

„... den Wagenlenker des Hektor traf er, Kebriones, ihn, des Priamos mutigen Bastard, wie er die Zügel gefasst, an der Stirn mit dem zackigen Steine. Beide Brauen zerknirscht' ihm der Fels; nicht wehrte des Hauptes Knochen ihm, sondern die Augen entflossen zur Erd' in den Staub ihm, dort vor die Füße hinab." – Homer, *Ilias*, Buch XVI.

„[Diomedes] sprachs und entsandte den Speer; ihn richtete Pallas Athene grad am Aug' in die Nas', und die weißen Zähn' ihm durchdrang er; hinten zugleich die Zunge zerschnitt das starrende Erz ihm, dass die Spitz ihm entfuhr am äußersten Ende des Kinnes. Und er entsank dem Gefährt, und es rasselten um ihn die Waffen ..." – Homer, *Ilias*, Buch V.

„Aber Meriones schoss den ehernen Pfeil nach dem Flüchtling, welcher rechts am Gesäß ihn verwundete, dass ihm die Spitze vorn, die Blase durchbohrend, am Schambein wieder hervordrang." – Homer, *Ilias*, Buch XIII.

„Da nahete, der ihn verwundet, Peiroos, und bohrte die Lanz' in den Nabel ihm; und es entstürzten alle Gedärme zur Erd' und Nacht umhüllt' ihm die Augen." – Homer, *Ilias*, Buch IV.

Agamemnon auf seinem Streitwagen. Umzeichnung eines griechischen Vasenbildes

Einfache Soldaten hatten weit weniger Ausrüstung, weder Bronzehelme mit Federn oder Pferdehaar noch Schilde oder eschene Speere. Sie kamen nach Troja bewaffnet „mit Bogen allein und geflochtener Wolle des Schafes". Die schimmernde Ausrüstung eines Kriegers wie Patroklos war hoch geschätzt und überaus selten.

Homers Schlachten waren nicht wie die der klassischen Griechen, wo dichte Phalanxreihen strenge Anweisungen erhielten und als disziplinierte Einheit agierten. Bronzezeitliche Kämpfe waren chaotisch und unorganisiert. Sie konzentrierten sich eher auf ein Individuum und seinen Ruhm als auf die Erfolge des vereinten Heeres; das kam erst später in der Militärgeschichte.

Kampf um Troja. Szene vom Fries des Siphnierschatzhauses in Delphi

Streitwagen

In der Bronzezeit pflegte die Spitze der Hierarchie jeder Armee auf einem Streitwagen in den Kampf zu ziehen. Streitwagen waren die kleinen Panzer jener Zeit; eine Reihe anrückender Streitwagen hatte ungemein abschreckende Wirkung auf jede Front von stehender Infanterie. Die meisten mykenischen Streitwagen waren leicht, aus Holz und Weiden gebaut und wurden meist von zwei Pferden gezogen. Bemannt mit dem Wagenlenker und einem einzelnen Krieger oder noch einem Bogenschützen als Beifahrer, war der große militärische Vorteil des Streitwagens Tempo und Beweglichkeit.

Streitwagen wurden in der Bronzezeit von allen Mächten des Mittelmeerraums und Nahen Ostens verwendet. In der Schlacht von Kadesch zwischen Ägyptern und Hethitern waren der Überlieferung zufolge mehr als 6000 Streitwagen im Einsatz. Hethitische Streitwagen waren größer und schwerer als mykenische und konnten drei und nicht nur zwei Passagiere befördern.

Auch wenn Homer im Trojanischen Krieg von Streitwagen spricht, ist es unwahrscheinlich, dass viele am Kampf vor Troja teilnahmen. Für die Mykener hätte der Transport der Wagen, ganz zu schweigen von den Pferden, wertvollen Platz auf den Schiffen mit begrenzter Ladefläche verbraucht. Die Trojaner, die als großartige Reiter berühmt waren, hätten beim Einsatz von Streitwagen Probleme bekommen: Der Boden um Troja, sandig und instabil, bot sich nicht gerade für geräderte Fahrzeuge an. Die Schlachten dort hätten vor allem Fußsoldaten bestreiten müssen.

Fantasievolle Illustration des Einsatzes von Streitwagen in der Schlacht von Kadesch, 1274 v. Chr.

Mykenische Krieger mit ihren traditionellen Eberzahnhelmen am Strand vor Troja

Die Schlachten der *Ilias* finden auf engem Raum auf einer offenen Ebene statt wie viele offene Feldschlachten der Bronzezeit. Erst wurden Schleudern und Pfeile abgefeuert. Wie stark ein Kompositbogen war, zeigt Homers Beschreibung der Verwundung von Menelaos durch einen Pfeil des Pandaros, Sohn des Lykaon, nach dem Duell mit Paris. Damit war der Waffenstillstand zwischen Griechen und Trojanern gebrochen.

Pandaros' Bogen bestand der Überlieferung zufolge aus den Hörnern einer Wildziege und besaß durch seine vielen Schichten besondere Stärke. Kompositbögen vertrugen ein hohes Maß an Krümmung, während die Sehne zurückgezogen wird; klein und leicht, hatten sie eine beeindruckende Reichweite.

Wenn die Bogenschützen und Schleuderer fertig waren, bewegten sich die besten Krieger oder Vorkämpfer, wie Homer sie nannte, an die Front. Sie waren die Elite, Stoßtruppen, gut bewaffnet und speziell für die gefährlichste Art der Kriegsführung trainiert. Die Front war jedoch nicht statisch, sondern ein fließender, ständig wechselnder Ort, der direkt in die Todeszone zwischen den Armeen überging. Einzelne Kämpfer bewegten sich ständig zwischen Front und rückwärtigen Linien hin und her. Krieger, die kämpfen wollten, traten in die Todeszone, um Speere zu werfen oder einen Gegner im Zweikampf mit Schild und Schwert anzugreifen.

Die Masse beider Armeen wurde voneinander ferngehalten. Niemand musste lange an der Front bleiben, Kämpfer sollten aber auch nicht hinten herumlungern. Krieger rückten fließend nach, wenn die Verwundeten oder Erschöpften sich zurückzogen. Homers Krieger zogen es vor, in kleinen Truppen von Freunden oder Sippenangehörigen gemeinsam an die Front zu ziehen, auch wenn das Chaos des kriegerischen Einsatzes sie bald wieder trennte.

Wegen des ständigen Kommens und Gehens an der Front konnten die Schlachten der Bronzezeit – und der *Ilias* – mit einigen Pausen den ganzen Tag andauern. Es kam zu einem Durchbruch, wenn ein großer Krieger fiel und eine nachfolgende Panik zum Zusammenbruch der Front und raschem Rückzug führte. Dies wiederum würde ein heftiges Nachstoßen der anderen Seite zur Folge haben, angefeuert durch ihre Anführer. Ein typischer Kampftag vor Troja konnte daher bis zum Einbruch der Nacht andauern, ohne erkennbare Vorteile einer Seite. Bei Homer hielt die Pattsituation angeblich zehn Jahre lang an.

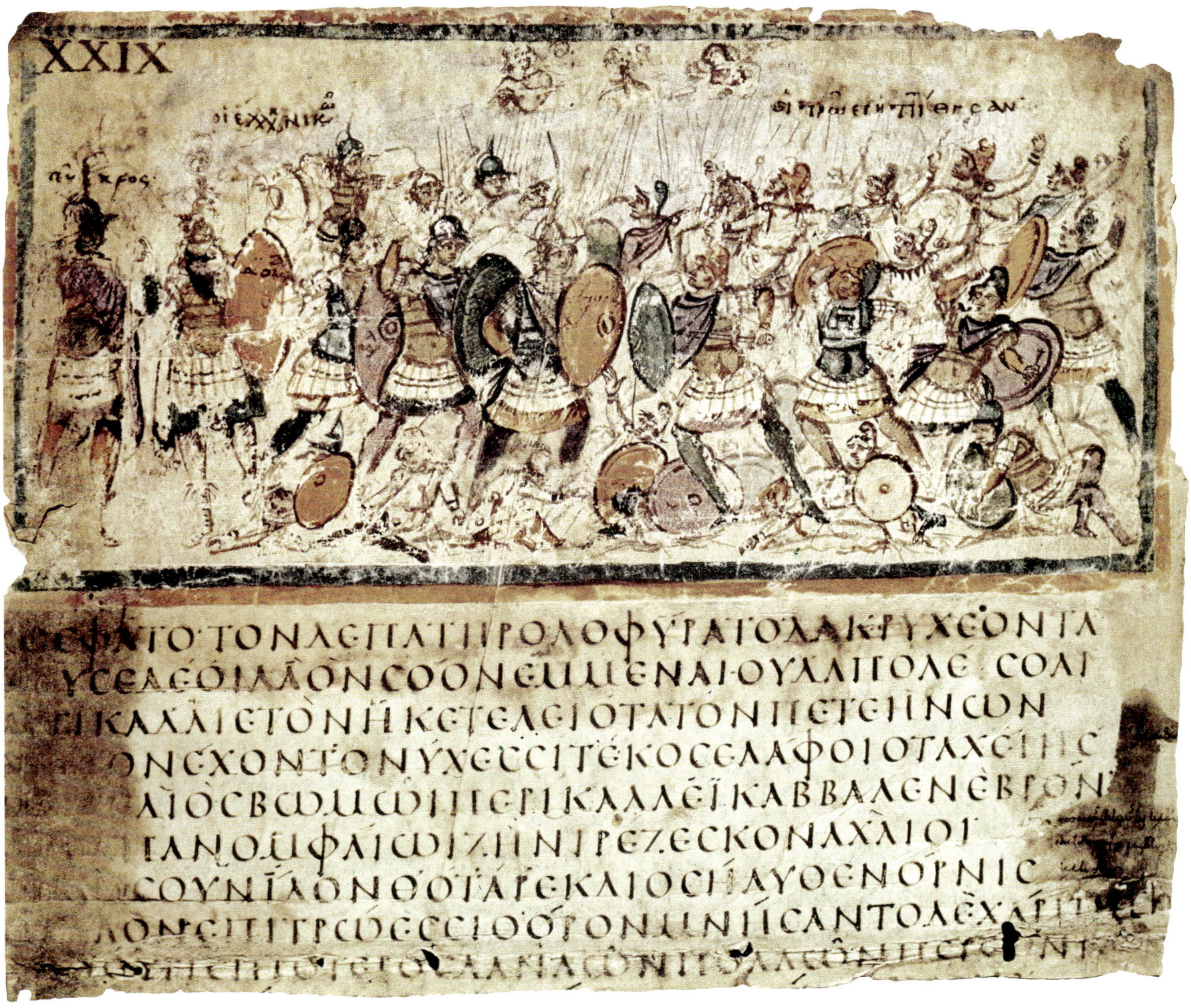

Illustration des Trojanischen Krieges aus der „Ilias Ambrosiana"

Kampf oder Flucht

Der heroische Code der Kriegsführung war komplex. Keiner der Helden war vor Furcht oder davor gefeit, in Panik zu fliehen. Das überrascht nicht, wenn man die Umstände bedenkt. Homer malt das Schlachtfeld zwischen Griechen und Trojanern als Kessel voll Schweiß, Staub und Blut, klirrender Waffen und schreiender Soldaten. Es ist unvorstellbar laut: „Nicht so prasselt das Feuer heran mit sausenden Flammen durch ein gekrümmt Bergtal, wann den Forst zu verbrennen es auffuhr; nicht der Orkan durchbrauset die hochgewipfelten Eichen so voll Wut, wann am meisten mit großem Getös' er dahertobt: als dort laut der Troer und Danaer Stimmen erschollen, da sie mit grausem Geschrei anwüteten gegeneinander."

Der Anblick des Schlachtfelds war grauenerregend. Zeus schickte eines Tages zu Beginn der Schlacht einen symbolischen Regensturm von Blut; der Rest war ein Chaos aus Hacken, Erstechen, Losstürzen und Geschrei. In der Mittagshitze war die staubige Ebene voller Glieder, Eingeweide und Knochen, der Sand blutgetränkt. Leichen verschiedenen Verwesungsgrades lagen in ekelhaft riechenden Haufen.

Wie gesagt, wurde es von keinem Krieger erwartet, ohne Pause an der Front zu kämpfen. Und von keinem wurde es erwartet, dass er keine Angst zeigte. Im Gegenteil: Homers Helden waren keine „furchtlosen" Krieger, sondern Männer, die „nicht zu viel Angst haben".

Früher oder später unterlagen alle der Angst – selbst Achill. Hektor floh vor

Kämpfende Griechen und Trojaner. Fries aus Lykien, Türkei

Waffen der Bronzezeit

Bronze wurde zwar für praktisch alle Waffen jener Zeit verwendet, war aber weder besonders hart noch zuverlässig. Bronzeschwerter waren dafür bekannt, dass sie am Griff brachen oder sich im Kampf verbogen. Dennoch waren sie neben Dolchen und Speeren die wichtigste Waffe der mykenischen und trojanischen Infanterie. Daneben waren Keulen, Knüppel und diverse Äxte im Einsatz.

Schwerter

Die Schwerter der späten Bronzezeit waren meist zweischneidig, etwa 1,40 m lang und bestanden aus einem massiven Stück Bronze. Sie dienten zum Hauen nach dem Gegner. Ein kürzerer, einseitiger Dolch von etwa 65 cm Länge diente im Nahkampf zum Stechen. Um 1200 v. Chr. kam das kürzere Naue-II-Schwert von etwa 85 cm Länge auf. Es hatte eine blattförmige Klinge. Die Hethiter verwendeten auch ein Schwert mit einer sichelförmigen Klinge, die weniger leicht abknickte. Es kann vor Troja verwendet worden sein.

Bronzeschwerter aus dem mykenischen Griechenland, beide aus der Zeit zwischen 1300 und 1100 v. Chr.

Speere

Zwei bis drei Meter lange, beidhändige Speere mit Eschenholzschaft und einer 15 cm langen Bronzespitze waren die Hauptwaffe der bronzezeitlichen Infanterie. Sie wurden als Wurfspeere und als Stoßwaffe gegen eine gegnerische Front eingesetzt. Der Speer des Achill soll elf Ellen lang gewesen sein, also etwa fünf Meter.

Einen kürzeren, einhändigen Spieß von 1,5 m Länge verwendeten die Mykener der späten Bronzezeit im Nahkampf.

Die meisten bronzezeitlichen Armeen besaßen auch Kompositbögen aus verklebten Schichten aus Holz, Sehnen und Horn. Pfeile mit einem Holzschaft und Federn zur Stabilisierung erhielten eine V-förmige Bronzespitze, die beim Entfernen wie Widerhaken wirkten und für schwere Verletzungen sorgten.

Bronzene Speerspitzen, um 1200 v. Chr.

Achill und wurde dreimal um die Mauern von Troja gejagt, ehe er sich zum Kampf stellte. Hektor zog sich auch vor Ajax zurück und sein Herz hämmerte, wenn er ihn sah; in der ganzen *Ilias* zittern Krieger und wechseln die Farbe, wenn sie vor großen Gegnern stehen. Daher raten Menelaos' Kameraden von einem Duell mit Hektor ab, einem Mann, der größer ist als er selbst.

Homer erkennt an, dass der größte Held im Kampf Angst hat oder zögert, auch wenn es ihm gelingt, beides zu überwinden. In Buch XI widersetzt sich Odysseus den

Griechische Krieger im Zweikampf. Bild auf einem Wasserkrug aus dem 6. Jahrhundert v. Chr.

Trojanern, die ihn umzingeln: „*Einsam war nun Odysseus, der Lanzenschwinger, und niemand harrt' um ihn der Achaier, denn Furcht verscheuchte sie alle. Tief erseufzt' er und sprach zu seiner erhabenen Seele: Wehe, was soll mir geschehn! O Schande doch, wenn ich entflöhe, fort durch Menge geschreckt! Doch entsetzlicher, wenn sie mich fingen, einsam hier; denn die andern der Danaer scheuchte Kronion! Aber warum bewegte das Herz mir solche Gedanken? Weiß ich ja doch, dass Feige von dannen gehn aus dem Kampfe! Doch wer edel erscheint in der Feldschlacht, diesem gebührt es, tapfer den Feind zu bestehn, er treffe nun, oder man treff' ihn! Als er solches erwog in des Herzens Geist und Empfindung, zogen bereits die Troer heran in geschildeten Schlachtreihn; und sie umschlossen ihn rings, ihr Unheil selber umzingelnd. Wie auf den Eber umher die Hund' und die blühenden Jäger stürzen … Also dort um Odysseus den Göttlichen stürzten sich ringsher Troer.*"

Verwundung und Tod

Einer der auffälligsten Aspekte der Gewalt in der *Ilias* ist die Zahl der Männer, die auf der Stelle sterben. Die meisten Kämpfe umfassen nur einen oder zwei Hiebe oder eine einzige Kampfrunde – selten kommt es zu einer zweiten. Stattdessen sind die meisten Stiche, Hiebe und Schläge entweder tödlich und der Kämpfer stirbt auf der Stelle oder er zieht sich lieber zurück.

Man hat gemeint, längere Kampfszenen in der *Ilias* hätten die Zuhörerschaft gelangweilt. Doch viel wahrscheinlicher wollte Homer nur exemplarisch das Geschick und die Kraft des angreifenden Kriegers und die rasanten Folgen seiner Tüchtigkeit im Kampf herausstellen.

Wie wir sahen, besitzen die tödlichen Schläge, zu denen es in der *Ilias* kommt,

EINER DER AUFFÄLLIGSTEN ASPEKTE DER GEWALT IN DER ILIAS IST DIE ZAHL DER MÄNNER, DIE AUF DER STELLE STERBEN.

eine zerstörerische Gewalt, die bisweilen kaum glaubhaft ist: Ein Hieb gegen den Kopf ist so stark, dass die Augen herausfallen; nach einem Stich in den Magen ergießen sich Eingeweide auf den Boden; ein Schlag mit dem Schwert köpft einen Mann

Der Bogenschütze Pandaros, der bald darauf dem Speer des Kebriones zum Opfer fallen sollte

Rüstungen

Freskenfragment von der griechischen Insel Santorin, mit einem mykenischen Eberzahnhelm

Die besten mykenischen Metallpanzer gehörten aristokratischen Kriegern. Die breite Masse besaß meist nur Schurz, Beinschienen und Brustharnisch aus dickem Leinen und Leder und einen Lederschild. Die Bewaffnung der Trojaner dürfte sich an jener der Hethiter orientiert haben.

Helm

Mykenische Krieger sind berühmt für die Eberzahnhelme, wie sie Fresken des 17. Jahrhunderts v. Chr. auf der Insel Santorin, dem antiken Thera, zeigen. Bis zur späten Bronzezeit allerdings wurden kleinere Helme aus Bronze oder Leder mit Federbusch und Wangenschutz üblicher. Hethitische Bronzehelme, schuppenbedeckt, mit Wangenschutz, waren während der angenommenen Zeit des Trojanischen Krieges im Einsatz. Sie dürften die älteren, nach oben spitz zulaufenden Modelle ersetzt haben.

Körperpanzer

Ein vollständiger mykenischer Glockenpanzer aus dem 16. Jahrhundert v. Chr. wurde bei Dendra gefunden, einem Dorf in der Nähe von Mykene. Die Rüstung besteht aus 15 mit Leder verbundenen Bronzeplatten und schützte ihren Träger vom Hals bis zu den Knien. Später in der Bronzezeit kamen einfachere und kleinere, mit Leinen gefütterte Bronzerüstungen auf, die manchmal mit bronzenen Schulterpanzern getragen wurden.

Schild

Homer erwähnt mykenische Turmschilde, rechteckig und aus Holz, Leder und Bronze bestehend, die fast den ganzen Körper bedeckten, und „achtförmige" Schilde. Letztere wurden vielleicht vor allem früher in der Bronzezeit benutzt. Schilde der späten Bronzezeit bestanden aus Bronze, waren meist klein und rund und unten bisweilen halbkreisförmig beschnitten. Die Hethiter verwendeten einen rechteckigen Schild, der den Körper vom Knöchel bis zum Hals bedeckte und aus Leder bestand, das über einen Holzrahmen gespannt wurde; einen ähnlichen Schild verwendeten vielleicht die Trojaner. Bronzene Beinschienen, mit Lederstreifen befestigt, schützten die Unterschenkel des Kriegers.

Die Dendra-Rüstung, ein mykenischer Glockenpanzer aus überlappenden Bronzeplatten, gemeinsam mit einem Eberzahnhelm gefunden in einem Grab in Dendra bei Mykene

Mykenischer Krieger. Darstellung auf einem Steingutgefäß des 7. Jahrhunderts v. Chr.

und lässt Rückenmark aus der Wirbelsäule spritzen; ein Speer köpft einen Mann.

Der Held ist in der *Ilias* also ein Mann von großer Kraft, der in den Kampf eintritt, wenn die Chancen für ihn gut stehen, und seine Feinde schnell und effizient erledigt – die ritterlichen Ideale eines längeren Duells sind nicht immer zu erkennen.

Ein anderer Aspekt der Gewalt, der sich nur schwer mit heutigen Kenntnissen von Kriegen verbinden lässt, ist das Fehlen schwerer Wunden. Die meisten Männer sterben schnell: wenige winden sich verstümmelt und klagend in der staubigen Ebene, in der Hoffnung, dass die ältesten literarisch bekannten Feldärzte, Machaon und Podalirius, sich um sie kümmern.

Doch es gibt auch einige schwere Wunden in der *Ilias*: Menelaos' Verwundung durch Pandaros' Pfeil beunruhigt Agamemnon so sehr, dass er den Arzt Machaon ruft. Menelaos steht da, blutend, umringt von seinen Adeligen. Machaos zog „sofort das Geschoss aus dem festanliegenden Leibgurt; und wie er auszog, bogen die spitzigen Haken sich rückwärts". Dann reinigt Machaon die Wunde und trägt eine Salbe auf, die vielleicht Honig enthielt, ein natürliches Antiseptikum, das in der Bronzezeit verbreitet war, besonders bei den Ägyptern. Diese waren auch erfahrene Chirurgen, die Trepanationen – Schädeldurchbohrungen – kannten und auch künstliche Körperteile wie eine hölzerne Zehe erfanden. Wir wissen jedoch nicht, wie viel dieser Techniken in Mykene bekannt waren.

Bei Kampfwunden entfernte der Arzt die Waffen und Verschmutzungen aus dem Körper und stillte die Blutung mit einer Bandage. Opium war zur Schmerzbehandlung bekannt, aber es gab keine weitere Behandlung von Wunden oder Infektionen. Ein Krieger, der das Pech hatte, verwundet zu werden, war der Gnade seines Immunsystems und der Götter überlassen, die natürlich stets das letzte Wort hatten.

Die Toten blieben bis zum Abend auf dem Schlachtfeld liegen. Dann sammelte man die Leichen ein. Die Begräbnisriten korrekt einzuhalten, war für die meisten Kulturen der Bronzezeit wichtig; die Schändung von Leichnamen nach dem Tod galt generell als Barbarei.

Eine berühmte Barbarei in der *Ilias* ist die Schändung von Hektors Leichnam durch Achill. Dreimal schleift er ihn um den Grabhügel des Patroklos, neun Tage lang lässt er ihn im Staub hinter seinem Streitwagen liegen. Apollon selbst war entsetzt: „Nimmer ihm selbst das Schönere oder das Bessre! Dass nur nicht, wie edel er sei, wir Götter ihm eifern! Denn unempfindlichen Staub misshandelt er, tobend vor Unsinn!“

Achills Misshandlung von Hektors Leichnam ist ein Verstoß gegen das bronzezeitliche Kriegsrecht. Doch damals war die Verstümmelung Verwundeter ebenso wenig verboten, wie Stolz oder Schadenfreude wegen des Leidens anderer zu zeigen.

So schlägt der Grieche Peneleos dem Ilioneus das Haupt ab. „Noch war die gewaltige Lanze ihm durchs Auge gebohrt; dann hub er es, ähnlich dem Mohnhaupt, zeigt es dem Troervolk, und sprach mit jauchzender Stimme: Meldet mir dies, ihr Troer, Ilioneus' Vater und Mutter, dass sie den glänzenden Sohn daheim im Palaste betrauern! Denn auch nicht des Promachos Weib, des Sohns Alegenors, heißt den trauten Gemahl willkommen hinfort, wann aus Troja wir heimkehren in Schiffen, wir blühenden Männer Achaias! Jener sprach's, und ringsum nun fasste sie bleiches Entsetzen; jeglicher schaute umher zu entfliehn dem grausen Verderben.“

Kampfszene auf einem korinthischen Krater, um 600 v. Chr.

Odysseus und Diomedes nehmen den unglückseligen Dolon gefangen, dem sie die Rosse des Achill im Austausch für Informationen versprechen. Illustration der „Ilias Ambrosiana“

Rache ist das Hauptmotiv für Leichenschändung, und das wird dem Feind auch klargemacht. Agamemnon schneidet Hippolochus für Angriffe auf seine Männer Kopf und Arme ab und rollt den Torso wie einen Baumstamm in die Trojanischen Ränge und Menelaos rollt Hektor den Kopf des Imbrios wie einen Ball vor die Füße.

Wenn Griechen drohen, einen Feind zu fangen und zu verstümmeln, dient das bisweilen nur zur Einschüchterung des Gegners. Nun, Angst spielte auch schon in der Kriegsführung der Bronzezeit eine Rolle.

Plünderung der Leichname

In der *Ilias* wird oft erwähnt, dass Krieger ihren erschlagenen Gegnern die Rüstungen und Waffen abnehmen. Der bekannteste Fall ist Hektor, der den Panzer des Patroklos raubt – der eigentlich Achill gehört –, nachdem er ihn getötet hat.

Auch hochrangige Anführer rauben Rüstungen. „Aber des Atreus' Sohn, der Völkerfürst Agamemnon, jenem [Isos] über der Warze durchschoss er die Brust mit

EINEN LEICHNAM ZU PLÜNDERN WAR BEI DEN KRIEGERN DER *ILIAS* NICHT NUR ÜBLICH, ES WURDE ERWARTET, AUCH VON IHREN KÖNIGEN.

der Lanze; Antiphos haut' er am Ohr mit dem Schwert, und stürzt' ihn vom Wagen. Schnell entzog er darauf der Getöteten prangende Rüstung“, und „Päons Sohne, dem Tapferen, raubt' er [Diomedes] die Rüstung. Aber der Held Alexandros, der lockigen Helena Gatte, richtet' auf Tydeus' Sohn das Geschoss … Jener entriß dem starken Agastrophos eilend des Panzers künstlichen Schmuck von der Brust, und den mächtigen Schild von den Schultern samt dem gewichtigen Helm. Da zog er [Paris] den Bügel des Hornes, schoss und traf."

Einen Leichnam zu plündern war bei den Kriegern der *Ilias* nicht nur üblich, es wurde erwartet, auch von ihren Königen und Anführern. Es wird aber nicht als unehrenhaft oder Teil einer rituellen Schändung der Toten bezeichnet, sondern als natürlicher Akt nach dem Sieg im Kampf. Der Grieche Idomeneus rühmt sich dessen gegenüber Meriones, der einen Speer sucht, ehe er wieder in den Kampf zieht:

„Idomeneus, Fürst der erzgepanzerten Kreter, sieh ich komm', ob dir etwa ein Speer im Gezelte zurückblieb, ihn mir holend zum Kampf, denn, den ich hatte, zerbrach ich, treffend Deïphobos Schild, des übergewaltigen Kriegers. Aber Idomeneus sprach, der Kreter Fürst, ihm erwidernd: Suchst du Speere, mein Freund, so findest du einen, ja zwanzig, dort in meinem Gezelt an schimmernde Wände gelehnet, troische, die von Erschlagnen ich beutete. Denn ich bekenne, niemals ferne zu stehn im Kampf mit feindlichen Männern. Darum hab' ich der Speere genug, und genabelter Schilde."
– Homer, *Ilias*, Buch XIII.

Lykurgos war ein mythischer Thrakerkönig, der seinem besiegten Gegner Areithoos den Panzer auszog und ihn selbst trug.

Die Plünderung der Toten erforderte Risikofreude im Kampf, besonders wenn es um eine Trophäe von einem gefeierten Gegner ging. Doch wie das Beispiel des Idomeneus zeigt, ging es oft um die Wiederverwendung der Waffen im Kampf. Homer beschreibt Bewaffnungen in liebevollen Details, wie wir bei Patroklos sahen. Das wohl berühmteste Beispiel ist seine ausführliche Beschreibung des kostbaren und kunstvollen Schildes, den der Feuergott Hephaistos für Achill schuf, in Buch XVIII. Schöne Bewaffnung war hochgeschätzt – als Notwendigkeit im Kampf, aber auch als Prestigeobjekt.

Das galt besonders für die breite Masse, Kämpfer mit rudimentärer Ausrüstung und Bewaffnung. Die Eroberung der Metallwaffen berühmter Kämpfer würde nicht nur ihre eigenen Überlebenschancen erhöhen, sondern auch als wertvolles Beutestück gelten, vielleicht sogar als Erbstück für ihre Kinder. Nestor erzählt die Geschichte von Lykurgos, der seinem Gegner Areithoos die Rüstung abnahm und sie selbst im Kampf trug, bis er zu alt zum Kämpfen war. Dann vererbte er sie seinem Genossen Ereuthalion, „der nun trotzend darauf die Tapfersten alle hervorrief“.

Gräueltaten der Bronzezeit

Dieses Relief zeigt den ägyptischen Pharao Sethos I. bewaffnet und kampfbereit.

Die Mykener waren nicht die einzige Großmacht der Bronzezeit, die im Krieg Gräueltaten gegen Menschen verübte. Die Ägypter, Assyrer und Hethiter machten es ebenso. Die ägyptische Kultur gilt oft als die verfeinertste Kultur der Antike. Doch den Hieroglyphen an der Hypostylenmauer in Karnak zufolge freut sich der Pharao Sethos I. „auf die Schlacht, er ist begeistert, in den Kampf zu ziehen, sein Herz ist zufrieden, Blut zu sehen, er schneidet den Abtrünnigen den Kopf ab, er liebt eine Stunde Schlacht mehr als einen Freudentag. Seine Majestät schlachtet sie zugleich. Er lässt kein Glied an ihnen, und wer ihm als lebender Gefangener entkommt, wird nach Ägypten verschleppt“.

Sethos I. war nicht der einzige Pharao, der Gewalt liebte. Sein Enkel Merenptah schlug 6000 erschlagenen Feinden in Libyen Hände und Penis ab, um die Zahl der Besiegten zu beweisen.

Leichen wurden während der Schlacht beraubt und abends, wenn das Schlachtfeld ruhig dalag. Die Toten waren Opfer von Soldaten und Plünderern, aber auch Beute von Hunden und Vögeln, wie die *Ilias* immer wieder betont.

Nestor warnt seine Krieger, nicht im Kampf zum Plündern stehen zu bleiben: „Nestor anjetzt ermahnte mit lautem Ruf die Argeier: Freund', ihr Helden des Danaerstamms, o Genossen des Ares! Dass nun keiner zu Raub und Beute gewandt mir dahinten zaudere, um das meiste hinab zu den Schiffen zu tragen! Lasst uns töten die Männer! Nachher auch könnt ihr geruhig Leichnamen durch das Gefild' ausziehn ihr Waffengeschmeide."

Kaum überraschend treffen später in der *Ilias* die Griechen Odysseus und Diomedes, die das Trojanische Lager ausspionieren sollen, auf Dolon, einen trojanischen Spion, den sie für einen Leichenplünderer halten. Dolon ist eine tragische Figur, eine einfache Seele, von Hektor wegen seiner Schnelligkeit auserwählt, das Griechenlager am Strand zu erkunden. Er trägt ein Wolfsfell, einen Otterhelm und einen Bogen über der Schulter und lässt Hektor schwören, dass

Die Assyrer waren für ihre Grausamkeit gefürchtet. Der spätbronzezeitliche König Salmanassar I. rühmte sich mit der Plünderung von 51 Städten, deren Bewohner er versklavte. Über 14 400 Gefangene blendete er auf einem Auge. Verschiedene Kampfszenen auf assyrischen Wandreliefs zeigen Folterungen wie das Aufspießen und Massenköpfungen außerhalb von Stadtmauern.

Die Hethiter galten als Erfinder der biologischen Kriegsführung, indem sie mit Keimen infizierte Schafe in feindliche Städte brachten. Sie ließen sie einfach vor den Stadtmauern, wo die Einwohner sie als ihren Besitz reklamierten, und wenn sie sie aßen, infiziert wurden. Bei der Infektion handelte es sich vermutlich um Tularämie (Hasenpest), eine Bakterienerkrankung, die von Tieren auf Menschen übertragen wird und ohne Antibiotika zum Tod durch Lungenversagen führt. So viel zu den Feinheiten bronzezeitlicher Kriegsführung.

Salmanassar I. vergießt den Staub von Arinnu, der alles ist, was von der Festung übrig blieb, die er ausgelöscht hatte.

er als Bezahlung den Bronzewagen und die besten zwei Rosse des Achill bekomme – ein attraktiver Anteil also von der erhofften Kriegsbeute von den Griechen. Doch Homer berichtet, Hektor „beschwur Meineid". Als Dolon durch die Toten zu den griechischen Schiffen ging, wird er von Odysseus und Diomedes entdeckt und mit einem Speer, den Diomedes über seine Schulter wirft, gestoppt. Er beginnt sofort zu weinen und bietet Reichtümer für seine Freilassung an: „Faht mich; dann erkauf' ich mich frei. Mir lieget daheim ja Erz und Goldes genug, und schöngeschmiedetes Eisen. Hievon reicht mein Vater dir gern unendliche Lösung."

Odysseus versichert Dolon, dass er ihn nicht töten werde, und fragt ihn, ob er Leichen plündern oder von Hektor geschickt worden sei. Dolon plappert offen von seinem Auftrag und der Beute, die ihn dafür am Schluss erwartete. Odysseus antwortet, niemand könne die Rosse des Achill bändigen außer Achill selbst, und fragt dann, wo Hektors Pferde und Waffen lagern. Wieder berichtet ihnen Dolon alles: Details über das trojanische Lager und auch über die feinen Pferde und den goldenen Wagen des Thrakerkönigs Rhesos – fette Beute, die die Gier von Odysseus und Diomedes weckt.

Natürlich lässt Diomedes Dolon nicht am Leben: „Tief in den Nacken ihm schwang er schnell das erhobene Schwert, und durchschnitt ihm beide die Sehnen, dass des Redenden Haupt mit dem Staub' hinrollend vermischt ward." Odysseus und Diomedes bahnen sich den Weg „durch Rüstungen hin und Schlachtblut"

Menelaos begegnet Helena vor Troja. Sie entwaffnet ihn sehr schnell.

zu Rhesos und seinen Leuten, die sie im Schlaf niedermetzeln. Odysseus springt auf eines von Rhesos' Pferden, während Diomedes schwankt, ob er des toten Königs Rüstung oder seinen Wagen nehmen solle. Athena selbst mahnt ihn zum Aufbruch und sie reiten zurück ins Lager der Griechen.

Homer malt den Vorfall mit grausamen Zügen aus. Für die Griechen ist fast alles erlaubt, was zu Sieg und Beute führt, auch das Erschlagen schlafender Soldaten. Hektor dagegen zieht die ehrenhaften Regeln des Krieges gemäß dem Heldenkodex vor, offene Feldschlachten und ritterliche Duelle zwischen gleichrangigen Kriegern. In der *Ilias* sind es die Griechen, die die meisten Gräueltaten gegen die Trojaner begehen.

Für die Griechen war das einzige, was wichtiger als Beute, Frauen oder die Aussicht auf reiche Belohnung war, der Sieg. Wir erleben das in Buch VI der *Ilias*, als die Griechen kurzfristig die Oberhand gewinnen und das Töten auch in Homers Schilderung wichtiger wird als alles andere. Nun werden auch Gnadengesuche mit dem Versprechen reichen Lösegeldes abgewiesen, wie die Begegnung zwischen Menelaos und dem Trojaner Adrastos zeigt:

Jener entsank dem Sessel, und taumelte neben dem Rade vorwärts hin in den Staub auf das Antlitz. Siehe da naht' ihm Atreus' Sohn Menelaos mit weithinschattender Lanze. Aber Adrastos umschlang ihm die Knie', und jammerte flehend: Fahe mich, Atreus Sohn, und nimm dir würdige Lösung. Viel der Kleinode hegt der begüterte Vater im Hause, Erz und Goldes genug, und schöngeschmiedetes Eisen. Hievon reicht mein Vater dir gern unermessliche Lösung, wenn er mich noch lebend vernimmt bei den Schiffen Achaias. Jener sprach's, und diesem das Herz im Busen bewegt' er. Und schon war er bereit ihn dem Kampfgenossen zu geben, der zu den hurtigen Schiffen ihn führete. Doch Agamemnon eilete laufend heran, und laut ihn scheltend begann er: Trautester, o Menelaos, warum doch sorgest du also jener? Ja herrliche Taten geschahn dir daheim von den Männern Trojas! Keiner davon entfliehe nun grausem Verderben, keiner nun unserem Arm! Auch nicht im Schoße das Knäblein, welches die Schwangere trägt, auch das nicht! Alles zugleich ihm sterbe, was Ilios nährt, hinweggerafft und vernichtet! Also sprach und wandte des Bruders Herz Agamemnon, denn sein Wort war gerecht; und er stieß den edlen Adrastos weg mit der Hand. Da bohrt' ihm der Völkerfürst Agamemnon seine Lanz' in den Bauch; und er kehrte sich. Atreus Sohn dann stemmte die Fers' auf die Brust, und zog den eschenen Speer aus.
– Homer, *Ilias*, Buch VI.

Dies ist eine der seltenen Gelegenheiten, in denen der Dichter seine Meinung äußert. Agamemnons Wort, so Homer, war „gerecht". Troja war ohne Krieg nicht einnehmbar, und Krieg war ohne Töten nicht effizient. Doch bei aller Brutalität und Gewalt der homerischen Bronzezeit gab es Ideale von Richti und Falsch im Krieg. Zum Krieg gehörten Gemetzel. Der Tod war jedoch oft tragisch. Manchmal scheint Homer Jahrhunderte vor Wilfred Owen „Die Erbärmlichkeit des Krieges" zu beschreiben.

Der Dichter erkennt auch, dass Zorn bisweilen einen großen Krieger zu einer schrecklichen Macht des Bösen machen kann. Und kein Zorn war so zerstörerisch wie jener des größten griechischen Kriegers, Achill.

Kapitel 5

Der Tod des Patroklos

Als Achill vom Tod des Patroklos erfährt, ist er untröstlich. Er wünscht, er sei nie geboren worden, er wolle selbst sterben und er wirft sich über den Leichnam des Freundes. Das spricht dafür, dass Achill als Liebhaber trauert und nicht nur als Waffenbruder.

Waren Achill und Patroklos schwul? Diese Frage ist umstritten, vor allem in der Neuzeit. Im antiken Griechenland gab es die Tradition männlicher Homosexualität, und viele Stadtstaaten und Armeen kultivierten ein System der Päderastie – eine sexuelle Beziehung zwischen einem Jugendlichen und einem erwachsenen Mann. Manche meinen, die Antike hätte eine solche Beziehung nicht einmal infrage gestellt: Natürlich waren die beiden schwul. Warum sonst traf der Tod des Patroklos Achill so tief? Andere halten Achills Trauer für die eines Kameraden, den mit dem Toten eine Bruderschaft verbindet, die nur im Krieg entstehen könne.

Die *Ilias* als ein Epos über Kriegshelden und das Leben an der Front berichtet von der Liebe zwischen Kampfgefährten und den unerträglichen Verlust eines engen Kameraden. Für Achill war dies Patroklos, der Held, den Hektor erschlagen hatte. Hektor dachte dabei, er sei Achilles, da Patroklos in Achills Rüstung in den Kampf gezogen war, ein Trick, um die Griechen zu stärken. Erst nach seinem Tod kam die Wahrheit heraus. Achill hatte Patroklos erlaubt, in seinem Panzer zu kämpfen und die Trojaner von den griechischen Schiffen zurückzuschlagen. Doch Vermessenheit, Stolz und Dummheit siegten. Patroklos kämpfte weiter und drängte die Trojaner bis an ihr Stadttor zurück.

GEGENÜBER: *Der Tod des Patroklos war jenes Ereignis, das Achill zum Handeln antrieb und das Ende des Krieges herbeiführte.*

Patroklos versucht, die Mauern von Troja zu besteigen. Gott Apollon selbst sollte ihn daran hindern.

Dreimal versuchte Patroklos die Mauern der Stadt zu erklimmen, doch er sollte nicht als der Krieger unsterblichen Ruhm erlangen, der als Erster in Troja eindrang. Apollon selbst, Schutzgott der Trojaner, warnte ihn: „Weiche mir, edeler Held Patrokleus! Nicht dir gewährt ist, dass dein Speer verwüste die Stadt hochherziger Troer; nicht dem Achilleus einmal, der weit an Kraft dir vorangeht!"

Apollon gestattet Patroklos eine letzte Tötung, jene von Hektors Wagenlenker, bevor er ihm den Helm vom Kopf schlägt. Dann lässt er seinen Schild fallen und löst die Befestigung seiner Rüstung. Betäubt und verwundbar wird Patroklos von Hektors Speer durch den Bauch gestochen. Hektor prahlt über dem Sterbenden:

Ha! Patroklos, du dachtest die Stadt uns bald zu verwüsten und die troischen Weiber, beraubt der heiligen Freiheit, weg in Schiffen zu führen zum lieben Lande der Väter. Törichter! Jenen zum Schutz sind Hektors hurtige Rosse kühn im Sturm zu durchsprengen die Feldschlacht; auch mit der Lanze rag' ich selbst vor den Helden des Troervolks, und entferne ihnen der Knechtschaft Tag! Hier fressen dich jetzo die Geier! Elender! Nichts hat, stark wie er ist, dir geholfen Achilleus, welcher gewiss dort bleibend dir Gehenden mancherlei auftrug: Kehre nur ja nicht eher, Patrokleus, reisiger Kämpfer, zu den gebogenen Schiffen, bevor des mordenden Hektors blutigen Panzerrock ringsher um die Brust du zerrissen! Also sprach er vielleicht, und bewog das törichte Herz dir! – Homer, *Ilias*, Buch XVI.

Trojaner und Griechen kämpfen nun wie die Hyänen um Patroklos' Leichnam. In einem schrecklichen Tauziehen versucht Hektor ihn nach Troja zu zerren, will ihm dort den Kopf abschlagen, diesen auf einer Lanze auf der Mauer ausstellen und den kopflosen Körper den Hunden Trojas vorwerfen. Doch Hektor bekommt diese Beute nicht. Menelaos stürmt nach vorn und stellt sich schützend über Patroklos' Leichnam; Hektor muss sich mit der Rüstung zufriedengeben.

Patroklos' Tod ist ein Schlag für die Griechen. Selbst Achills unsterbliche Pferde wenden sich erstarrt ab und weinen. Menelaos und Meriones gelingt es, Patroklos' Leichnam eine kurze Strecke erhoben zu tragen. Als die Trojaner das sehen, toben sie heran, „wie die Hunde der Jagd auf ein Waldschwein stürzen". Die beiden Ajax halten sie jedoch in Schach.

LINKS: Ajax erschlägt Hippothoos, der tot auf den Leichnam des Patroklos hinsinkt.

Inzwischen bringt Nestors Sohn Antilochos Achill die schreckliche Nachricht. Achill umhüllt „der Schwermut finstere Wolke“, mit beiden Händen ergreift er schwarzen Staub, überstreut damit sein Haupt und entstellt sein Gesicht. Er wirft sich zu Boden und rauft sich die Haare, seine Sklavinnen schreien und schlagen sich die Brust vor Kummer. Achills Weinen hört seine Mutter Thetis, die Meernymphe, und eilt zu ihrem Sohn. Achill erklärt ihr, was geschah:

… mein teurer Patroklos mir hinsank, den ich wert vor allen Freunden geachtet, Wert wie mein eigenes Haupt! Er sank … Ja selbst gebeut mir das Herz nicht, lebend umherzugehn mit Sterblichen, wo mir nicht Hektor erst von meiner Lanze durchbohrt das Leben verlieret, und für Patroklos' Raub, des Menötiaden, mir büßet! … Möcht' ich sogleich hinsterben, da nicht mir gönnte das Schicksal, meinen erschlagenen Freund zu verteidigen! Fern von der Heimat sank er, und mangelte meiner, des Fluchs Abwehrer zu werden! … So nun erzürnete mich der Herrscher des Volks Agamemnon. Aber vergangen sei das Vergangene, wie es auch kränkte; dennoch das Herz im Busen bezähmen wir auch mit Gewalt uns! Hin nun geh ich, den Mörder des wertesten Haupts zu erreichen, Hektor! Doch mein Los, das empfang' ich, wann es auch immer Zeus zu vollendet beschleußt, und die andern unsterblichen Götter! … Jetzt tracht' ich noch Ruhm zu gewinnen! Manche Troerin noch und Dardanerin, schwellendes Busens, soll mir mit beiden Händen von jugendlich blühenden Wangen Tränen des Grams abtrocknen, mit schwer aufzitternden Seufzern! Fühlen sie's nun, dass ich lange genug von dem Kriege gerastet! Nicht mir wehre den Kampf, du Liebende; nimmer gehorch' ich! – Homer, *Ilias*, Buch XVII.

Währenddessen geht der Kampf um Patroklos' Leichnam weiter. Auf Geheiß

Nach dem Tod des Patroklos verwehrt Menelaos Hektor seine Beute. Er stellt sich schützend über den Leichnam.

Achill steht erstmals vor dem Leichnam des Patroklos. Seine Mutter Thetis eilt herbei, ihn zu trösten.

der Götterbotin Iris stellt sich Achill an den Graben und „schrie laut auf". Achills „Kriegsausruf" versetzt die Trojaner in Angst und die Griechen bringen endlich Patroklos' Leiche ins Lager. Dies ist der Wendepunkt des Krieges. Achill kehrt in den Kampf zurück, voll Trauer und Zorn, der Troja den Untergang bringen wird.

Wut, Zorn, Groll: damit übersetzen wir *menis*, das griechische Wort, das am Anfang von Homers Epos steht. *Menis* ist das Leitmotiv der *Ilias*, führt Achill in seinen Streit mit Agamemnon um Briseis und verzehrt ihn, als seine Trauer über den Tod des Patroklos hinzukommt. Achills *menis* ist kalt und finster; unter ihrem Einfluss zeigt er keine Gnade. Niemandem gegenüber.

Der gnadenlose Achill

Sobald ihm Thetis neue Waffen gebracht hat, ist Achill kampfbereit. Die Rüstung ist so blendend hell, dass die anderen Griechen wegschauen müssen. Achill dagegen steigert sich immer stärker in seinen Zorn hinein, je länger er sie ansieht.

Dann versammelt er seine Leute und hält vor Agamemnon und der Heeresversammlung eine Rede. Der Kreis der Handlung schließt sich. Doch diesmal ist es der Anfang vom Ende des Trojanischen Krieges. Achill feuert die Griechen mit einer Rede an, will seinen Zorn beilegen, sodass er wieder gegen die Trojaner in den Kampf ziehen kann. Nur dass sein Zorn keineswegs beigelegt ist: Er wurde auf die Zerstörung Hektors und der Stadt Troja umgelenkt. So beginnt also Achills wilde Schlachterei im Feld: „Wie ein entsetzlicher Brand die gewundenen Tale durchwütet … So rings flog mit der Lanze der Wütende, stark wie ein Dämon, folgend zu Mord und Gewürg'; und Blut umströmte die Erde."

Buch XX der *Ilias* ist ein Schlachtenkatalog: Achill durchstößt Antenor mit dem Speer den Helm, sodass das Gehirn spritzt; Achill rammt Hippodamas den Speer ins Zwerchfell, worauf dieser stöhnt wie ein Stier beim Opfer; Achill sticht den Priamossohn Polydoros in den Rücken, sodass ihm die Eingeweide beim Nabel herauskommen; Achill sticht Mulios beim einen Ohr hinein, beim anderen hinaus; Achill durchsticht die Sehnen von Deukalions Unterarm und schlägt ihm dann das Haupt ab, „und aus den Wirbeln spritzte das Mark ihm empor".

Achill tötet 23 Trojaner in Folge, bis die Achse seines Streitwagens von Blut trieft und seine Hände von Blut besudelt sind. Dann spaltet er ihr Heer und treibt die Hälfte zum Fluss hinab, in die Falle. Hier schlachtet er weiter Trojaner ab wie Fische im Fass, hält nur inne, um zwölf Männer lebendig gefangen zu nehmen, als Opfer für den Scheiterhaufen des Patroklos. „Diese zog er heraus, betäubt, wie die Jungen der Hindin; band dann zurück die Hände mit wohlgeschnittenen Riemen, welche sie selbst getragen um ihre geflochtenen Panzer; gab sie darauf den Genossen, hinab zu den Schiffen zu führen. Wieder hinein dann stürzt' er, nach Mord und Gewürge sich sehnend."

Nun trifft er den Priamossohn Lykaon, den er einst schonte und als Sklave verkaufte. Lykaon fleht erneut um Gnade:

„Flehend umfass' ich dein Knie; erbarme dich meiner, Achilleus! Deinem Schutz ja ward ich vertraut; drum scheue mich, Edler! Denn bei dir zuerst genoss ich die Frucht der Demeter, jenes Tags, da dein Arm mich ergriff in dem fruchtbaren Obsthain, und du fern mich verkauftest, getrennt von Vater und Freunden, nach der heiligen Lemnos, und hundert Stiere gewannest. Jetzo löst' ich mich dreimal so hoch! Wohl muss ich dem Vater

Thetis, deren Bild sich im Schild spiegelt, wartet auf die goldene Rüstung, die Hephaistos für ihren Sohn Achill anfertigt.

Agamemnon erklärt Achill, er werde seine Tochter Iphigenie opfern, damit die Griechenflotte nach Troja segeln könne.

Zeus ja verhasst sein, der dir wieder mich gab … Töte mich nicht; denn ich bin kein leiblicher Bruder des Hektor, welcher den Freund dir erschlug, so sanftgesinnt und so tapfer!" So dort flehte zu jenem des Priamos' edler Erzeugter jammernd empor; da erscholl die

TIEF IN DIE GURGEL DRANG ZWEISCHNEIDIG DAS SCHWERT; UND VORWÄRTS NUN AUF DER ERDE LAG ER GESTRECKT; SCHWARZ STRÖMTE DAS BLUT UND NETZTE DEN BODEN.

unbarmherzige Stimme: Törichter, nicht von Lösung erzähl' und schwatze mir länger! Denn bevor Patroklos den Tag des Geschickes erreichte, war ich annoch im Herzen geneigt, zu schonen der Troer; viel' auch führt' ich gefangen hinweg, und verkaufte sie lebend. Doch nun fliehe den Tod nicht einer auch, welchen ein Dämon hier vor Ilios' Mauern in meine Hand mir gesendet, aller Troer gesamt, und am wenigsten Priamos' Söhne! Stirb denn, Lieber, auch du! Warum wehklagst du vergebens? Starb doch auch Patroklos, der weit an Kraft dir voranging! Siehest du nicht, wie ich selber so schön und groß an Gestalt bin? Denn dem edelsten Vater gebar mich die göttliche Mutter! Doch wird mir nicht minder der Tod und das harte Verhängnis nahn … Doch Peleus' Sohn, das geschliffene Schwert

Die Rüstung des Achill

Von der Rüstung, die Achill Patroklos lieh, hieß es, sie würde ihren Träger unverwundbar machen. Daher schlug Apollon den Helm fort und löste den Panzer, ehe Patroklos erschlagen werden konnte. Ohne seine Rüstung kann Achill nicht kämpfen. Daher wendet er sich an seine Mutter Thetis, die ihrerseits Hephaistos unter Tränen um Hilfe bittet. Würde Hephaistos, der Gott der Schmiede, Handwerker und Metallurgie, Achill eine magische Rüstung schmieden, die ihn schützen würde?

Hephaistos sagt Thetis, er wünschte, „dass ich doch dem greulichen Tod' ihn also vermöchte weit hinweg zu entziehn, wann einst sein Jammergeschick naht". Da das unmöglich ist, verspricht er ihr eine Rüstung „wie mancher wohl anstaunt im Geschlechte der Sterblichen, wer sie erblicket". Sogleich richtet er zwanzig Blasebälge aufs Feuer, auf das er Tiegel mit Kupfer, Zinn, Silber und Gold stellt. Mit dem Hammer in der einen und Zangen in der anderen Hand beginnt Hephaistos die Arbeit an Achills Schild.

Dessen Beschreibung ist ausführlich und berühmt. Er besteht aus fünf Lagen Metall übereinander und ist der kunstvollste und kostbarste Schild, der je entstand. Er zeigt kontrastierende Szenen von einem friedlichen und einem vom Krieg erschütterten Land. Dazu gehören Himmel, Meer, Sonne und andere Himmelskörper, zwei Städte, eine mit einer Belagerung, ein Feld, das gepflügt wird, eine Traubenernte, Vieh, das von Löwen angefallen wird, eine Schaffarm, tanzende Menschen und den großen Strom des Okeanos, der Personifikation des Meeres.

Als er den Schild nun bereitet, den ungeheuren und starken; schuf er anjetzt ihm den Harnisch, den strahlenden, heller denn Feuer; schuf ihm sodann den gewaltigen Helm, der den Schläfen sich anschloss, schön und prangend an Kunst; und zog aus Golde den Haarbusch; schuf ihm zuletzt auch Schienen; aus feinem Zinne gegossen. – Homer, *Ilias*, Buch XVIII.

Thetis bringt Achill die Rüstung, die der Gott Hephaistos für ihn geschmiedet hat.

Metallplatte mit der Darstellung von Achill auf dem Streitwagen, seinen berühmten Schild in der Hand

sich entreißend, stieß es hinein am Gelenke des Halses ihm: tief in die Gurgel drang zweischneidig das Schwert; und vorwärts nun auf der Erde lag er gestreckt; schwarz strömte das Blut und netzte den Boden. Ihn dann schwang der Peleid', am Fuße gefaßt in den Strom hin; und mit jauchzendem Ruf die geflügelten Worte begann er: Dort nun streck' im Gewimmel der Fische dich, die von der Wunde sorglos dir ablecken das Blut! Nie bettet die Mutter dich auf Leichengewand und wehklagt; sondern Skamandros trägt dich strudelnd hinab in des Meers weitoffenen Abgrund. – Homer, *Ilias*, Buch XXI.

Achill und Patroklos

Dass Achill Lykaon tötet, zeigt, wie Trauer und Wut aus Soldaten herzlose Schlächter machen können, Lykaon ist nicht der Einzige, den Achill früher schonte: „Denn bevor Patroklos den Tag des Geschickes erreichte, war ich annoch im Herzen geneigt, zu schonen der Troer." Doch nun ist es mit Achills Ritterlichkeit vorbei, er wird nicht eher ruhen, als Hektor erschlagen ist.

Der Grund für Achills Kampfrausch ist klar: sein geliebter Patroklos. Was war Patroklos also für Achill und welcher Art war ihre Beziehung? Waren sie nur enge Waffenbrüder? Oder galt Achills Trauer und Zorn seinem getöteten Liebhaber?

Mehrere Stellen in der *Ilias* deuten auf ein stärkeres Band zwischen Achill und Patroklos hin als das einer Waffenbruderschaft. Einen sprechenden Moment gibt es nach dem Tod des Patroklos zwischen Achill und seiner Mutter Thetis. Hier öffnet Achill seine Seele, erklärt, dass Patroklos getötet wurde, „den ich wert vor allen Freunden geachtet". Als sie ihm seine neue

Rüstung bringt, findet sie ihren Sohn „gestreckt um den lieben Patroklos, weinend mit lauter Stimm". Diese Zeile sagt viel aus, denn sie kommt sonst in Homer vor, wenn eine Frau um einen Mann trauert. Als die von Agamemnon an Achill zurückgegebene Briseis „gesehn Patroklos, zerfleischt von der Schärfe des Erzes, goss sie um jenen sich hin, und weinete laut".

IM KLASSISCHEN ATHEN WAR PÄDERASTIE NICHT NUR AKZEPTIERT, SONDERN AUCH EIN WICHTIGER BESTANDTEIL DER SOZIALEN ERZIEHUNG EINES JUNGEN MANNES.

Später fragt Thetis Achill, ob er für immer sein eigenes Herz mit Kummer und Schmerz nähren wolle und nicht an Schlaf oder Nahrung denke? Es sei tröstlich, mit einer Frau zu schlafen. Thetis' expliziter Rat an Achill, mit einer Frau zu schlafen, kann darauf hindeuten, dass er zuvor Sex mit einem Mann hatte. Ihre Worte scheinen jedoch keine Kritik zu enthalten, nur vielleicht den Hinweis, dass Achill erwachsen werden und heiraten solle.

Zum griechischen Modell der Päderastie gehört tatsächlich, dass sie eine vorübergehende Phase ist, die in einem gewissen Alter durch Heirat und Familienleben abgelöst wird. Manche Gelehrte glauben, dass Päderastie in der archaischen Zeit aufkam und in Kreta ihren Ursprung hatte. Im fünften Jahrhundert war sie in vielen griechischen Stadtstaaten üblich. Sie basiert auf einer sexuellen Beziehung zwischen einem älteren Mann, dem *erastes* (Liebhaber), und einem jüngeren, dem *eromenos* (Geliebten). Der *erastes*, ein Junggeselle von mehr als 18 Jahren, machte dem auserwählten *eromenos*, einem Jüngling zwischen 12 und 18, den Hof. Hatte seine Werbung Erfolg, würde der *erastes* die Beziehung durch Sodomie besiegeln.

Dies galt als eine Art Initiation, eine Vorbereitung des *eromenos* auf das Leben eines erwachsenen Mannes. Etwa mit 18 hörte der *eromenos* auf, ein passiver

Achill greift nach dem Schatten von Patroklos, Gemälde von Heinrich Füssli.

Sexualpartner zu sein, suchte sich einen eigenen *eromenos* und übernahm die Rolle des *erastes* in der folgenden Beziehung. Im Alter von etwa 30 Jahren würde ein Mann überhaupt aufhören, Homosexualität zu leben und stattdessen danach streben, eine Ehe mit einer Frau einzugehen.

In Kreta gehörte zur Beziehung zwischen *erastes* und *eromenos* eine rituelle Entführung, während welcher das Paar aufs Land reiten würde, um zu jagen, fasten und einige Monate in der Wildnis zu leben. In dieser Zeit würde der *erastes* seinen *eromenos* in das Leben von Männern einführen. Nachher würde der *eromenos* seine militärische Ausrüstung und andere Geschenke erhalten und offiziell zum Mann erklärt werden.

Im klassischen Athen war Päderastie nicht nur akzeptiert, sondern auch ein wichtiger Aspekt der sozialen Erziehung eines jungen Mannes. Doch damit das zutraf, musste das Interesse des *erastes* am *eromenos* einer „himmlischen" und nicht einer „gewöhnlichen" Liebe entspringen. Ein *erastes* sollte immer nur einen *eromenos* haben und dieser sollte mindestens pubertierend oder älter und daher aufgeklärt sein. Der *erastes* musste seine ehrenhaften

Achill kennt nach dem Tod des Patroklos keine Gnade. Hier erschlägt er Lykaon.

Kameradschaft im Kampf

Die ***Ilias*** kennt viele Beispiele für Kameradschaft im Kampf. Krieger aus dem griechischen wie dem Trojanischen Lager zeigen ihre Verpflichtung, ihre Mitkämpfer zu schützen, ihnen zu Hilfe zu kommen, wenn sie in der Minderheit sind, und ihnen aus dem Kampf zu helfen, wenn sie verletzt sind. Und sie rächen ihre gefallenen Kameraden. Wie der Kampf um Patroklos' Leichnam zeigt, brauchen auch die Körper der Toten Schutz. Als etwa der Trojaner Akamas sieht, dass Promachos den Körper seines toten Bruders Archilochos fortziehen will, durchbohrt er den Griechen und stellt sich über den Körper. Dann spottet er: „Argos' Volk, pfeilkühn und der Drohungen ganz unersättlich! … Schaut, wie Promachos euch, von meiner Lanze gebändigt, ruhig schläft; dass nicht des Bruders schuldige Rache lang' euch bleib' unbezahlt! So wünscht auch ein anderer Mann wohl einen Freund im Hause, des Streits Abwehrer, zu lassen!"

Es versteht sich von selbst, dass jeder Mann im Kampf dazu beiträgt, das gesamte Heer zu schützen. Hektor zeigt sich nicht nur als Schützer der Stadt Troja, sondern auch seiner Kameraden, auch als er merkt, dass sich das Blatt gewendet hat: „Zwar bereits erkannt' er der Schlacht abwechselnden Siegsruhm; aber auch so verweilt' er, und rettete teure Genossen."

Standhaft seine Kameraden auf dem Schlachtfeld schützen, das will ein schuldbewusster Achill nach Patroklos' Tod: „Hab ich weder Patroklos mit Heil erfreut, noch die andern Freund' im Volk, die so viele dem göttlichen Hektor erlagen; sondern ich sitz' an den Schiffen, umsonst die Erde belastend, solch ein Mann, wie keiner der erzumschirmten Achaier, in der Schlacht; denn im Rate besiegen mich andere Männer!"

In seiner tiefen Trauer beginnt Achill nun, das wiedergutzumachen.

Absichten zeigen, indem er seinem *eromenos* ernsthaft und entschlossen den Hof machte. Ein ehrloser *erastes* würde mehreren Jungen zugleich Avancen machen und eher am körperlichen Aspekt der Beziehung und weniger an ihrem Alter interessiert sein.

So viel zu den Regeln für den ehrenhaften und unehrenhaften *erastes*. Wie sah die Etikette für einen ehrenhaften *eromenos* aus? Vor allem wurde von ihm erwartet, der Werbung zu widerstehen. Er sollte sich eigensinnig und schwer zu erobern zeigen, und wenn er sich schließlich dem Geschlechtsakt unterwarf, daran keine Freude zeigen. Wenn er diese Regeln befolgte, konnte der *eromenos* bei der Auswahl seines *erastes* sehr wohl unterscheiden und jemanden von hohem Stand auswählen. Das bedeutete für ihn soziale und materielle Unterstützung wie wichtige Kontakte in der Männerwelt und wertvolle Geschenke. Geld durfte dabei jedoch nicht im Spiel sein, denn das hätte den *eromenos* zu einem *pornos*, einem Prostituierten, gemacht.

Männliche Prostitution war im Leben des antiken Griechenland akzeptiert, besonders in Athen, doch freie Männer, die sich prostituierten, galten als Risiko für das bürgerliche Leben und waren von allen öffentlichen Ämtern ausgeschlossen. Man dachte, wenn ein Mann fähig sei, seinen Körper zum Vergnügen zu verkaufen, sei er auch fähig, sein Gemeinwesen zu verkaufen, solange der Preis stimmte.

Wenn sich aber in Athen ein Mann über 30 in die Rolle des *eromenos* begab, galt das als abartig, und Männer, die Analverkehr genossen, galten als weibisch und

Attischer Krater mit kämpfenden Kriegern vor Troja.

konnten ihre Bürgerrechte verlieren, wenn sie erwischt wurden.

Dieses Modell der Päderastie schloss eigentlich Homosexualität im Heer aus. Soldaten waren meist über 20 und daher zu alt, um ein *eromenos* zu sein, und hätten sich passende *erasti* außerhalb des Militärs suchen müssen.

Dieses Modell war jedoch auf das klassische Athen beschränkt. Viele Hinweise sprechen für institutionalisierte Homosexualität beim Militär gewisser griechischer Stadtstaaten in der archaischen und klassischen Zeit. Ob das auch für mykenische Krieger galt, liegt im Dunkeln, aber anhand der Sitten des späteren Griechenland können wir vielleicht eine Vorstellung von seiner früheren Vergangenheit bekommen.

Homosexualität beim Militär war von Schriftstellern der klassischen Zeit wie Plutarch weitgehend anerkannt. Der griechische Philosoph Xenophon berichtet, in Sparta war die Idee einer Militäreinheit aus Liebenden nicht nur beliebt, da das bedeute, dass die Truppe aus Männern bestand, die einander attraktiv fanden, nicht aber wegen ihrer Tüchtigkeit im Kampf gewählt wurden. Xenophon schrieb voll Verachtung über Liebespaare beim Militär, deren Beziehung auf der körperlichen Ebene basierte, ohne dass sie auch nur Zeit für Gespräche hatten. Doch Xenophon berichtet auch über die Existenz homosexueller Paare unter den Rängen des spartanischen Heeres.

Korinthischer Bronzehelm aus der klassischen Zeit Griechenlands

Xenophons Ablehnung von homosexueller Lust, die auf körperlicher Schönheit basiert, wurde von Lykurg geteilt, dem halb legendären spartanischen Gesetzgeber, der in Sparta die Tugenden Gleichheit, militärische Tüchtigkeit und Strenge etablierte. Das lykurgische System, das spartanische Knaben von Frauen trennte und sie kriegerisch ausbildete, verlieh dem spartanischen Militär seine eindrucksvolle Kampfkraft.

LINKS: *Plutarch war ein klassischer Schriftsteller, der Homosexualität für einen Segen für die Krieger hielt, die im Krieg zusammen kämpften.*

Nach Plutarch würden spartanische Jungen, die mit zwölf ihre Ausbildung begannen, das Interesse sowohl junger Erwachsener als auch älterer Männer wecken. Das weist darauf hin, dass es keine obere Altersgrenze für einen *erastes* in der spartanischen Päderastie gab – Plutarch erwähnt einen, der 25 Jahre alt war.

Ein Beispiel von Xenophon zeigt, dass es für einen *erastes* keine Altersgrenze gab. Als in einer bestimmten Schlacht alles verloren war, blieb der *eromenos* des spartanischen Anführers Anaxibius bis zum Ende bei diesem, einfach aus Zuneigung. Paare opferten vor der Schlacht Eros in der Hoffnung, der Gott der Liebe werde ihre Sicherheit garantieren.

Die Treue und Zuneigung zwischen zwei Liebenden waren nur ein Grund, aus dem Spartaner Homosexualität für hilfreich im Kampf hielten. Daneben glaubte man, dass beim Sex ausgestoßenes Sperma die Kampfkraft des *erastes* auf seinen *eromenos* übertrug. Auch die Insemination spartanischer Knaben im Gymnasium, wo sie für den Krieg trainiert wurden, sollte die Kraft und Stärke des erwachsenen *erastes* übertragen.

Sperma wurde in der spartanischen Gesellschaft hoch geschätzt. Es zu verschwenden galt als Kriegsverbrechen. Man wusste, dass Sperma zur Zeugung von Kindern führte und daher lebenswichtig für die Erzeugung neuer Soldaten für die Armee war. Wenn ein Spartaner drei Kinder gezeugt hatte, war er vom Kriegsdienst befreit; sein Sperma hatte seine Arbeit getan. Spartaner, die keine Kinder zeugen konnten, galten grundsätzlich als minderwertig.

Bei Platon ist das Gymnasium ein Ort der Vorbereitung von Männern auf den Krieg, aber auch für homoerotisches Verhalten. In seinem *Euthydemos* zieht der Knabe Klinias die Aufmerksamkeit mehrerer *erasti* an, auch den Ktesippos. Platon sagt später, dass das Ziel des Gymnasiums, bei Knaben durch enge Bindungen Heldenmut zu fördern, die „Freuden der Liebe" verdarb. In den *Gesetzen* lehnte er Homosexualität ab und empfahl, dass Homosexuelle das Bürgerrecht verlieren sollten.

Paradoxerweise preist in Platons *Symposion* Phaedrus die Päderastie. Das ist bemerkenswert, da es Homosexualität bis zu einem gewissen Alter als akzeptiert voraussetzt.

Platon, der große Philosoph der griechischen Klassik, war der Ansicht, dass liebende Paare die besseren Kämpfer abgaben.

Wieder werden wir an Thetis' Bemerkung erinnert, dass Achill nach Patroklos' Tod „mit einer Frau Liebe machen solle". Sagt sie ihm damit indirekt, dass die Homosexualität seiner Jugend in seinem jetzigen Alter nicht länger als respektabel gilt?

Zweifellos glaubte man, dass das Band der Homosexualität beim Militär die Tapferkeit der Männer verstärkte. Falls Patroklos tatsächlich Achills Liebhaber war, machte sein Tod aus diesem einen übermenschlichen Krieger. Auch Platon äußert sich positiv über die Unbesiegbarkeit einer Truppe aus homosexuellen Paaren:

Ließe es sich daher ins Werk setzen, einen Staat oder ein Heer aus lauter Liebhabern und Geliebten zu bilden, so ist gar nicht zu denken, wie ein Staat im Innern besser verwaltet werden könnte, als wenn alle seine Bürger sich alles Schimpflichen enthalten und im Wetteifer zum Guten einander überbieten; aber auch im gemeinsamen Kampfe würden die so Verbundenen, selbst in geringerer Zahl, ich möchte sagen, alle Menschen besiegen. Denn ein liebender Mann würde es gewisslich höher aufnehmen, von seinem Geliebten erblickt zu werden, wie er aus den Reihen wiche oder die Waffen wegwürfe, als von allen anderen

Militärische Vorzüge

Der griechische Schriftsteller Plutarch äußert sich positiv über die Homosexualität unter der Kriegerelite im klassischen Theben – der heiligen Schar. Dies war eine Elitetruppe aus 150 Paaren männlicher Liebender, die für ihre Tapferkeit berühmt war. Plutarchs Kommentar ist aufschlussreich, da die heilige Schar anders als das Päderastiemodell homosexuelle Beziehungen unter Gleichaltrigen gutheißt.

Die heilige Schar hat, wie man sagt, Gorgidas zuerst errichtet. Sie bestand aus dreihundert auserlesenen Männern, welche vom Staate alles, was zu ihrer Übung und zu ihrem Unterhalte gehörte, erhielten, und zur Besatzung in Kadmeia dienten; deswegen hieß sie auch die Schar der Stadt, vermutlich weil man damals die Schlösser noch Städte nannte. Einige behaupten, diese Schar habe aus lauter Liebhabern [erastes] und Lieblingen [eromenoi] bestanden; auch gedenkt man dabei eines scherzhaften Ausdrucks von Pammenes, welcher sagt, Homers Nestor müsse nichts von der Taktik verstanden haben, da er befohlen, die Griechen nach Stämmen und Zünften in Rotten zu teilen. Dass ein Geschlecht dem Geschlecht beisteh, und Stämme den Stämmen – statt dass er den Liebhaber zum Lieblinge hätte stellen sollen; denn Stamm- und Zunftgenossen bekümmerten sich in Gefahren wenig umeinander, hingegen eine durch Freundschaft und Liebe vereinigte Schar wäre unzertrennlich und unauflösbar, wenn Liebhaber und Lieblinge aus gegenseitiger Schamhaftigkeit beieinander aushielten. Dies darf uns auch eben nicht befremden, da solche sich voreinander, selbst in der Abwesenheit, mehr schämen und scheuen, als andere vor Anwesenden; so wie jener Gefallene den Feind, der ihm jetzt den letzten Stoß versetzen wollte, flehentlich bat, ihm den Degen durch die Brust zu stoßen, „damit", sagte er, „mein Liebling sich nicht zu schämen braucht, wenn er mich im Rücken verwundet sieht". – Plutarch, *Pelopidas.*

Menschen, und würde einen vielfachen Tod dieser Schande vorziehen. Oder gar den Liebling zu verlassen und ihm nicht beizustehen in der Gefahr, so feige ist kein Mensch, den Eros nicht selbst begeistern sollte zur Tapferkeit, sodass er dem gleichkommt, welcher der Mutigste von Natur ist, kurz, was Homer sagt, dass ein Gott diesem oder jenem Helden Mut eingehaucht habe, das gewährt Eros den Liebenden allen. – Platon, *Symposium.*

Platon und Plutarch waren sich daher darin einig, dass liebende Paare von Vorteil für eine kämpfende Truppe seien. Das beruht nicht nur auf ihrem Bestreben, den anderen vor einem angreifenden Gegner zu schützen, sondern auch auf der Scham, wenn man vor dem Liebhaber auf dem Schlachtfeld Feigheit zeigt.

Bei Homer ist heterosexuelle Liebe an den meisten Übeln der Geschichte schuld. Die Liebe zwischen Paris und Helena löste den Krieg aus; männlicher Besitzanspruch auf die Sklavinnen Chryseis und Briseis ruft den Streit zwischen Achill und Agamemnon hervor. Kritiker der Idee, dass Achill und Patroklos ein Liebespaar waren, verweisen auf Achills Beziehung mit Briseis als Beweis dafür, dass er Frauen liebte. Homer schreibt, dass Achill und Patroklos auf verschiedenen Seiten des Zeltes mit ihren Sklavinnen schliefen. Doch sowohl für Achill als auch für Agamemnon waren Sklavinnen Waren, die man tauschte, wechselte und ersetzte. Dagegen war die Liebe zwischen Achill und Patroklos unersetzbar. Nach Patroklos' Tod wünscht sich

GEGENÜBER: *Das berühmte Gemälde von Jacques Louis David zeigt Leonidas und seine spartanischen Kämpfer am Thermopylenpass vor einer bedeutenden Schlacht gegen die Perser 480 v. Chr.*

Spartanische Jugendliche beim Training in einem Gymnasion

Telemachos und Peisistratos

Manche Gelehrte glauben, dass Achill und Patroklos nicht das einzige homosexuelle Paar bei Homer bildeten; in der Odyssee hätten Odysseus' Sohn Telemachos und Peisistratos, der Sohn Nestors von Pylos, ebenfalls eine erotische Beziehung gehabt. In dem Buch kommt Telemachos auf der Suche nach seinem Vater nach Pylos, der noch nicht aus Troja zurück ist. Nestor lässt ihn im selben Bett wie Peisistratos schlafen, der damals unverheiratet war. Dann begleitet Peisistratos Telemachos auf seiner Reise, und als Athena in Sparta dem Telemachos erscheint, findet sie beide im selben Bett.

Kritiker dieser Theorie wenden ein, Telemachos und Peisistratos waren ausgewachsene Männer, passten also nicht in das Modell der Päderastie. Beide waren zu alt für die Rolle des *eromenos*. Doch wie wir sahen, gibt es massenweise Hinweise auf homosexuelle Beziehungen zwischen erwachsenen Männern beim griechischen Militär; ein Versuch, alles in die engen Grenzen des Päderastie-Modells zu pressen, ist also schlicht sinnlos.

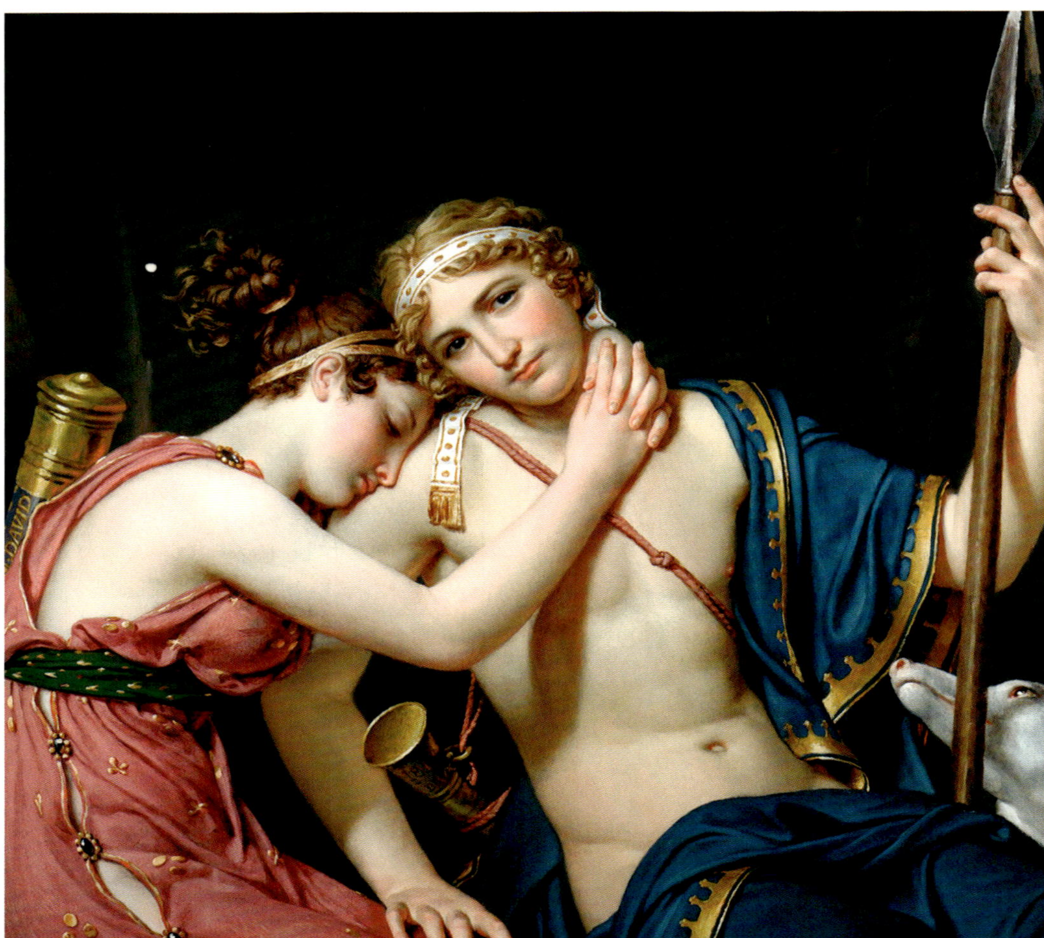

In Homers Odyssee teilt Telemachos, hier in einem klassizistischen Gemälde, mehrfach ein Bett mit Peisistratos.

Achill nur noch, bei ihm in seinem Grab zu liegen, sodass sie wieder vereint wären.

Viele antike Schriftsteller des archaischen und klassischen Griechenland hatten kein Problem mit dem Gedanken an homosexuelle Liebe zwischen Achill und Patroklos. In Aischylos' *Myrmidonen* erlebt Achill vor dem Leichnam des Patroklos einen Eifersuchtsanfall und wirft ihm vor, ihre Liebe durch sein Sterben zu verraten; Aischines spricht in seiner Rede *Gegen Timarchos von den beiden Kriegern als Liebenden*; und eines der verlorenen Dramen des Sophokles hieß *Die Liebhaber des Achill.*

Auf dieser berühmten Schale des Malers Sosias verbindet Achill Patroklos' Wunden. Dessen Bart legt nahe, dass der Ältere in ihrer Beziehung nicht Achill war, sondern Patroklos.

Die größte Streitfrage unter den alten Griechen selbst war die Frage, ob Achill der *erastes* oder der *eromenos* war – ein Argument, das in der Neuzeit gegen die Idee ins Feld geführt wurde, dass ihre Beziehung homosexueller Natur war. Die Autoren Aischines, Aischylos und Athenaios glauben, der *erastes* müsse Achill gewesen sein. In seinem *Symposion* geht Platon davon aus, dass Patroklos der *erastes* war. Das wird von der berühmten Sosiasschale bestätigt, die zeigt, wie Achill Patroklos eine Wunde verbindet. Hier trägt Patroklos einen Bart, ein Zeichen seines höheren Alters.

Die Frage, wer der *erastes* und wer der *eromenos* war, ist jedoch sekundär und beweist nicht, dass Achill und Patroklos keine Liebenden waren. In der *Ilias* wird ihre Verbindung und ihre Trennung durch den Tod von den Göttern anerkannt. Das zeigt sich in der Rede von Thetis, die weiß, dass ihr Sohn nicht nur die Liebe seines Lebens verloren hat, sondern auch seinem eigenen Schicksal einen Schritt näher ist – einem Schicksal, das weder Thetis noch irgendein anderer Gott ändern könnte.

ΟΜΗΡΟΣ
ΑΝΔΡΩΝ ΗΡΩΩΝ
ΚΟΣΜΗΤΟΡΙ
ΟΔΥΣΣ
ΕΙ ΘΕΟΣ ΕΣΤΙΝ ΟΜΗΡΟΣ, ΕΝ ΑΘΑΝΑΤΟΙΣΙ ΣΕΒΕΣΘΩ
ΕΙ Δ ΑΥ ΜΗ ΘΕΟΣ ΕΣΤΙ, ΝΟΜΙΖΕΣΘΩ ΘΕΟΣ ΕΙΝΑΙ

Kapitel 6

Götter, Menschen und Homer

Die *Ilias* ist eine Welt von Göttern und Sterblichen. Homers Götter sind jedoch manipulativ, greifen endlos in das Leben der Menschen ein. Sagen über die Götter sind älter als die Erfindung des Schreibens. Und bis heute ist umstritten, ob Homer überhaupt schreiben konnte.

Von seinem Platz auf dem Berg Ida aus beobachtet Zeus das Kriegsgeschehen vor Troja mit allen Dramen und Tragödien. Unter Zeus' Augen haben die Trojaner die Griechen besiegt, haben sie bis an die hölzernen Palisaden ihres Schiffslagers zurückgedrängt. Hier ergreift der Trojaner, vollgepumpt mit Adrenalin im Moment seiner *aristeia*, einen Felsbrocken und schleudert ihn durch das Tor:

Und es sprang der erhabene Hektor furchtbar hinein, wie das Grauen der Nacht: er strahlt' in des Erzes schrecklichem Glanz, der ihn hüllt', und zwo hellblinkende Lanzen schüttelt' er. Schwerlich hätt' ein Begegnender jetzt ihn gehemmet, außer ein Gott, da er sprang in das Tor, wutfunkelndes Blickes. Laut ermahnt' er die Troer umhergewandt im Getümmel, über die Mauer zu steigen; und schnell ihm gehorchten die Völker: Andere drangen zur Mauer und kletterten, andere strömten durch die gezimmerte Pforte hinein. – Homer, *Ilias*, Buch XII.

Diese Ereignisse sind vom Schicksal bestimmt, denn Zeus schützt generell die Trojaner. Der Sieg wurde dem Eingreifen von Göttern verdankt, da Zeus „höheren Ruhm dem Hektor gewährte", und Saturn für ihn den Feldstein leichter gemacht hatte, sodass er ihn werfen konnte.

So machtvoll waren die homerischen Götter, dass ihr Eingreifen jeden Moment

GEGENÜBER: *Die Apotheose des Homer, Gemälde von Jean-Auguste-Dominique Ingres, 1827. Der Dichter wird von der Zeit gekrönt, zu seinen Füßen sitzen die Personifikationen der Ilias und der Odyssee.*

GEGENÜBER: *Büste des Zeus, des Königs der griechischen Götter.*

des Krieges prägte. Die Götter mischen sich von Anfang an ein, stecken auch hinter dem Streit zwischen Achill und Agamemnon am Beginn des Epos:

So ward Zeus' Wille vollendet: Seit dem Tag, als erst durch bitteren Zank sich entzweiten Atreus' Sohn, der Herrscher des Volks, und der edle Achilleus. Wer hat jene der Götter empört zu feindlichem Hader? Letos Sohn und des Zeus. Denn der, dem Könige zürnend, sandte verderbliche Seuche durchs Heer; und es sanken die Völker: Drum weil ihm den Chryses beleidiget, seinen Priester, Atreus' Sohn. – Homer, *Ilias*, Buch I.

Kern der *Ilias* ist der Krieg und der Tod von Helden, doch hinter jedem Held steht ein Gott, der ihn anstachelt. Die Motive der Götter sind unterschiedlich und beruhen mal auf familiären Banden, Verpflichtungen und Gefälligkeiten, mal auf einer Laune oder einem Geistesblitz. Die Götter verfolgen das Geschehen in Troja von ihrem luftigen Sitz auf dem Olymp aus, einem Gebirgszug zwischen Makedonien und Griechenland. In ihrem großartigen Palast, ein Werk des Hephaistos selbst, leben sie in unvorstellbarem Überfluss. Doch sie können sich dem Trojanischen Krieg nicht entziehen, und wenn ihre Impulse von oben nicht ausreichen, nehmen sie menschliche Gestalt an, um direkt einzugreifen.

HOMERS GÖTTER HABEN MENSCHLICHE PERSÖNLICHKEITEN. SIE KÖNNEN LIEBEN UND FÜRSORGLICH SEIN, ABER AUCH KLEINLICH, IRRATIONAL UND IMPULSIV.

Götterfries vom Siphnierschatzhaus in Delphi in Griechenland. Das Geschehen vor Troja wird lebhaft diskutiert.

Athena besiegt Ares im Kampf.

Homers Götter haben menschliche Persönlichkeiten. Sie können lieben und fürsorglich sein, aber auch kleinlich, irrational und impulsiv. Auf dem Olymp bekämpfen, beschimpfen und bestrafen sie einander wie eine normale Familie, nur dass sie unsterblich sind und ihre Unsterblichkeit mit keiner ihrer Handlungen auf Erden gefährden.

Oberhaupt der Götterfamilie ist Zeus, der allgewaltige „Vater von Göttern und Menschen". Wenn er den Saal im Palast betritt, erheben sich die Götter von ihren Sitzen. Keiner von ihnen wagt es, sitzen zu bleiben, sondern alle erheben sich, wenn er unter sie tritt.

Zeus ist auch bei Weitem der stärkste der Götter. Er kann nicht gewaltsam bezwungen werden. Passt ihm etwas nicht, teilt er auch Strafen aus: einmal hängte er seine Frau Hera an einen Baum mit Ambossen an ihren Knöcheln. Wie viele sterbliche Paare hadern Hera und Zeus oft miteinander. Hera steht aufseiten der Griechen, Zeus favorisiert lange die Trojaner.

Hera tut, was sie kann, um die Trojaner zu zerstören, greift auch zu List und Sabotage. Oft versucht die Göttin Zeus zu täuschen, um ihren Kopf durchzusetzen. Doch Zeus kennt Heras Tricks und ist sich nicht zu schade, sie daran zu erinnern, wer der

GEGENÜBER: *Begegnung von Zeus und Hera. Fries des griechischen Tempels von Selinus auf Sizilien, 5. Jahrhundert v. Chr.*

Was ist ein Epitheton?

Homer und Hesiod beschreiben Götter mit einem Epitheton, einem Beinamen. Das ist eine kurze Beschreibung, die ihre Fähigkeiten, Funktionen oder Erscheinung charakterisiert: Zeus ist oft der „Wolkenversammler“, „Vater von Göttern und Menschen“ oder „des glanzvollen Blitzes“. Apollon heißt „Sohn des Zeus“, „der fernhin treffende Herrscher“ und „Gott des silbernen Bogens“.

Ein Epitheton zeichnet ein Bild der Fähigkeiten der Götter, beschreibt aber wohl auch, wie Menschen sie zu Homers Zeit sahen. Nicht alle Götter waren beliebt. Ares etwa ist bei Homer „Fluch der Menschen“, „Städteverwüster“ und „mit blinkendem Helm“. Athena dagegen ist die „Blauäugige“, „Unermüdliche“, die „Hoffnung der Kämpfer“.

Ares und Athena sind beides Kriegsgötter, stehen aber im Trojanischen Krieg auf verschiedenen Seiten. Auch ihre Persönlichkeiten bilden polare Gegensätze. Athena ist der „Schützer der Städte“, während Ares zerstören will. Andere Götter mögen ihn nicht, sein Vater Zeus sagt ihm: „Hüte dich, Andrerumandrer, mir hier zur Seite zu winseln! Ganz verhasst mir bist du vor allen olympischen Göttern! Stets doch hast du den Zank nur geliebt, und die Kämpf' und die Schlachten! Gleich der Mutter an Trotz und unerträglichem Starrsinn.“

Ares' Mutter Hera erhält von Homer das Epitheton „kuhäugig“. Sie weiß, dass sie Zeus am ehesten mit Täuschung besiegen kann. Dazu bedient sie sich der Hilfe von der „goldenen“ Aphrodite, „Göttin der Liebe“, um ihren Mann mit den Waffen der Frau zu verführen und hereinzulegen. Das hatte dann, wie von ihr geplant, den Effekt, dass sich das Kriegsglück gegen die Trojaner wandte.

Porträt des Hesiod, neben Homer der früheste bekannte griechische Dichter

Stärkere ist: Ich will es so haben; setz dich und hüte deine Zunge, wie ich dir sagte. Denn wenn ich einmal Hand an dich lege, würde es dir nicht helfen, wenn auch der ganze Himmel auf deiner Seite wäre.

Zeus meint es ernst, als er in Buch VIII Hera und den anderen griechenfreundlichen Göttern verbietet, in die Kämpfe einzugreifen. Dieses Verbot bleibt bis Buch XX in Kraft, als unter den Göttern ein heftiges Gerangel ausbricht. Vorher entwickeln sich die Ereignisse scheinbar ohne göttliche Hilfe. So kann Zeus seine Absicht ausführen, die Trojaner lange gewinnen zu lassen, wie er Thetis versprochen hatte.

Zeus ist nicht der einzige Gott, der die trojanischen Erfolge auf dem Schlachtfeld beobachtet. Von seinem Sitz auf der Insel Samothrake aus schaut Poseidon zu, Gott des Meeres, „Erderschüttrer" und Zeus' jüngerer Bruder. Poseidon steht auf der Seite der Griechen und ist auf Zeus schlecht zu sprechen. Er beschließt einzugreifen.

Sein Timing ist gut, denn „Zeus, nachdem er die Troer und Hektor bracht' an die Schiffe, ließ sie nunmehr bei jenen in Arbeit ringen und Elend, rastlos fort; dann wandt' er zurück die strahlenden Augen … Doch auf Troja wandt' er nicht mehr die strahlenden Augen; denn nicht hofft' er im Geist, der Unsterblichen würde noch einer kommen, um Trojas Volk zu verteidigen, oder Achaias".

Poseidon nutzt diesen Moment aus, steigt von seinem felsigen Sitz herab und stärkt den Griechen den Kampfgeist.

Kampfgeist, Kampfmoral ist eines der unfassbaren Rätsel des Schlachtfeldes. Krieger, deren Moral hoch ist, können nur mit spitzen Stöcken bewaffnet den Sieg davontragen, während voll bewaffnete Truppen scheitern, weil sie zu wenig Kampfgeist haben. Homer schreibt ihm dem Einfluss der Götter zu: Er kommt scheinbar aus dem Nichts und gibt Kriegern Zuversicht und Stärke, die sie vorher nicht hatten.

Darstellung von Poseidon, der das Meer verlässt, um die Griechen zu versammeln und die Trojaner zurückzuschlagen.

Das also flößt Poseidon den griechischen Kriegern ein, als er in menschlicher Gestalt zwischen ihnen wandelt und ihnen ins Ohr flüstert. Sein Eingreifen ist lebenswichtig: Die Griechen hocken zwischen ihren Schiffen, und während die Trojaner über die Balustraden auf sie hereinbrechen, „entstürzten die Tränen den Wimpern, hoffnungslos zu entfliehn den Schrecknissen. Aber Poseidon kräftigte leicht durchwandelnd den Mut der starken Geschwader".

POSEIDONS EINGREIFEN IST LEBENSWICHTIG FÜR DIE GRIECHEN, DIE ZWISCHEN IHREN SCHIFFEN VERZWEIFELN.

Zeus und Hera thronen auf dem Olymp, Poseidon steht daneben, von rechts tritt Hermes mit einem Widder dazu.

Poseidon fürchtet sich, die Griechen offen zu verteidigen; Zeus könnte ihn sehen. Seine Stärkung der Kampfmoral hindert die Trojaner jedoch daran, die griechischen Schiffe zu überrennen. Ein von ihm inspirierter Krieger ist Idomeneus, „voll heftiger Gier des Gefechtes".

Doch wie die Feind' Idomeneus sahn, dem Feuer an Kraft gleich, ihn und seinen Genossen in prangendem Waffengeschmeide, riefen sie laut einander und wandelten gegen ihn alle. Eins nun ward das Getümmel der Schlacht um die ragenden Steuer. Wie mit dem Wehn lautbrausender Wind' Unwetter daherziehn, jenes Tags, wann häufig der Staub die Wege bedecket; und sich alsbald aufwölkt' ein finsterer Nebel des Staubes: so nun stürmte zusammen die Schlacht; denn sie sehnten sich herzlich, durch das Gewühl einander mit spitzigem Erze zu morden. Weithin starrte die würgende Schlacht von erhobenen Lanzen, lang emporgestreckten, zerfleischenden; blendend dem Auge schien der eherne Glanz von sonnenspiegelnden Helmen, neugeglättetem Panzergeschmeid' und leuchtenden Schilden, als sie sich nahten zum Kampf. – Homer, *Ilias*, Buch XIII.

Im tobenden Kampf schlagen die Griechen die Trojaner zurück. Doch dann kommt eine neue Schlappe und die Trojaner sind wieder über ihnen. In diesem göttlichen Patt zwischen Zeus und Poseidon kann es keinen sterblichen Sieger geben. Doch wie Zeus es Thetis versprochen hatte, sollten die Griechen letztlich siegen und Achill mit Ruhm bedeckt werden. Poseidon andererseits, clever genug, sich nicht auf dem Schlachtfeld zu zeigen, kann nur mit der Stärkung der Kampfmoral keinen Sieg bringen. Beide zogen „des schrecklichen Streits und allverheerenden Krieges Fallstrick … über die Völker, unzerbrechlich, unlösbar".

Für die Sterblichen, die diesen Stellvertreterkrieg in der Realität ausfechten, gibt es keine Lösung, solange die Dinge nicht im Olymp geklärt sind. Doch dort gibt es weder Eile noch das Gefühl für Unrecht. Mit der Welt der Sterblichen können Götter nach Belieben spielen.

Hat angesichts der Macht der Götter irgendein Sterblicher in der *Ilias* irgendeine Gewalt über sein Schicksal? Oder ist jede Handlung von den Göttern vorherbestimmt und gesteuert? Es gibt Beispiele für beides. In Buch I stoppt Athena Achill, als er gegen Agamemnon das Schwert ziehen will. In Buch XI dagegen steht Odysseus allein vor der Entscheidung, sich zurückzuziehen oder sich einer Übermacht zu stellen. Ohne göttlichen Rat beschließt er zu bleiben und zu kämpfen, statt als Feigling zu gelten. Später steht Menelaos vor einer ähnlichen, freien Entscheidung, beschließt aber zu laufen und nicht zu kämpfen. Diese Beispiele, die zeigen, dass manche Aktionen die Götter nicht einbeziehen, sind aber die Minderheit.

Ob mit oder ohne göttliche Hilfe, haben die Ereignisse auf Erden weit schwerwiegendere Konsequenzen als auf dem Olymp. Achills Krach mit Agamemnon und sein folgender Rückzug aus dem Kampf hat ernsthafte Folgen mit zahllosen Toten auf beiden Seiten. Doch als sich Hera und Zeus darüber streiten, ist Hephaistos in Sorge, ob ihr Streit das Abendessen ruinieren werde, und versucht ihn zu zerstreuen, indem er einen Witz daraus macht.

Der Punkt ist, dass Entscheidungen Sterblicher Folgen über Leben und Tod haben können, aber keine fatalen Folgen für die Unsterblichen. Gibt es Streit oder eine Unstimmigkeit, können sich die Götter einfach in ihr Luxusleben auf dem Olymp zurückziehen. Sterbliche können das nicht.

Inzwischen tobt vor Troja der Kampf um das Schiffslager der Griechen. Doch Poseidon hat die Griechen gesammelt, um die Trojaner zurückzuschlagen. Sein Heben der Kampfmoral hat gewirkt und die Trojaner haben die Gelegenheit verpasst, die Griechen dauerhaft von ihrer Küste zu vertreiben. Der Gegensatz von Kampfgeist auf dem Schlachtfeld ist Panik, und die erfasst nun die Trojaner, als sich eine wieder auflebende griechische Truppe gegen sie erhebt.

Die Göttin Athena beobachtet den Streit zwischen Achill und Agamemnon.

Zur Feier dessen lässt Poseidon aus tiefer Brust einen Schrei hören, „wie wenn zugleich neuntausend daherschrein, ja zehntausend rüstige Männer im Streit, zu schrecklichem Kampf sich begegnend". Das ist gefährlich, da es die Aufmerksamkeit von Zeus wecken könnte, der noch immer woandershin blickt. Um sicherzustellen, dass er weiterhin abgelenkt ist, verführt Hera ihren Ehemann.

Sie richtet sich her und besucht Zeus auf dem Berg Ida. Natürlich kann er ihr nicht widerstehen. Doch sie bittet ihn, eine Wolke um sie herum zu legen, damit sie nicht gesehen werden können. Dank dieses Tricks bemerkt Zeus nichts vom Rückzug der Trojaner. Nach ihrem Liebesspiel fällt Zeus in tiefen Schlaf. Hera hat gegen ihren Mann einen großen Sieg errungen; das Schicksal Trojas hängt in der Schwebe.

Götter und Menschen

Während Zeus in den Wolken schläft, fügen die Krieger in der Ebene einander Schmerz und Tod zu. Zeus' Schläfchen findet während einer mörderischen Schlacht statt, die erneut die Kluft zwischen den Welten zeigt. Hektor hatte zuvor von Iris gehört, Zeus werde ihn rüsten „mit Stärke, niederzuhaun, bis du nahst den schöngebordeten Schiffen, bis die Sonne sich senkt und heiliges Dunkel heraufzieht". Doch nun wird er brutal zurückgeschlagen. Was also ist der Wille der Götter und wie wird sein Schicksal sich zeigen?

Als Leser der *Ilias* kennen wir schon Hektors Schicksal, da Homer uns vorgewarnt hat. Zeus versprach Thetis unsterblichen Ruhm für ihren Sohn, und diese Ehre bedeutet den Tod Hektors. Als es dazu kommt, merkt Hektor, dass er sich verlassen von den Göttern seinem Untergang stellen musste: „Es täuschte mich Pallas Athene. Nun ist nahe der Tod, der schreckliche! nicht mir entfernt noch; auch kein Entfliehn! Denn ehmals beschloss noch solches im

GEGENÜBER: Hochzeit von Hera und Zeus. Römisches Fresko aus Pompeji

Neuzeitliche Statue der Athena, der Göttin des Krieges, vor der Akademie in Athen

Die Täuschung des Zeus

Um Zeus von Troja abzulenken, wo Poseidon den Griechen hilft, verwendet Hera einen Liebeszauber, den ihr Aphrodite gibt. Wie Krieger, die sich ihre Rüstung anlegen, so rüstet sich auch Hera. Homers ausführliche Beschreibung ist ein großartiger Gegensatz zu den langen Kampfszenen davor und dahinter:

Jetzo sann sie umher, die hoheitblickende Here, wie sie täuschte den Sinn des ägiserschütternden Gottes. Dieser Gedank' erschien der Zweifelnden endlich der beste: hinzugehn auf Ida, geschmückt mit lieblichem Schmucke, ob er vielleicht begehrte, von Lieb' entbrannt zu umarmen ihren Reiz, und sie ihm einschläfernde sanfte Betäubung gießen möcht' auf die Augen und seine waltende Seele. Und sie enteilt' ins Gemach, das ihr Sohn, der kluge Hephästos, ihr gebaut, und die künstliche Pfort' an die Pfosten gefüget mit verborgenem Schloss, das kein anderer Gott noch geöffnet. Dort ging jene hinein, und verschloss die glänzenden Flügel. Jetzt entwusch sie zuerst mit Ambrosia jede Befleckung ihrem reizenden Wuchs, und salbt' ihn mit lauterem Öle, fein und ambrosischer Kraft, von würzigem Dufte durchbalsamt … Hiermit salbte sie rings die schöne Gestalt; auch das Haupthaar kämmt' und ordnete sie, und ringelte glänzende Locken, schön und ambrosiaduftend, herab von der göttlichen Scheitel; hüllte sich drauf ins Gewand, das ambrosische, so ihr Athene zart und künstlich gewirkt, und reich an Wundergebilde; dann mit goldenen Spangen verband sie es über dem Busen; schlang dann umher den Gürtel, mit hundert Quästen umbordet. Jetzo fügte sie auch die schönen Gehäng' in die Ohren, dreigestirnt, hellspielend; und Anmut leuchtete ringsum. Auch ein Schleier umhüllte das Haupt der erhobenen Göttin, lieblich und neu vollendet. – Homer, *Ilias*, Buch XIV.

Kopf einer Hera-Statue. Aus dem 9. Jahrhundert v. Chr. stammt das Hera-Heiligtum von Argos, etwa fünf Kilometer von Mykene entfernt.

Herzen Zeus, und des Donnerers Sohn, der Treffende, welcher zuvor mich stets willfährig geschirmt; doch jetzo erhascht mich das Schicksal!"

Die Götter sind also trügerisch und herzlos. Auch wenn ihre Macht über das Schicksal der Sterblichen unklar ist, scheinen sie wählen zu können, wann sie leben oder sterben. Aphrodite etwa rettet Paris aus seinem Duell mit Menelaos und verweigert diesem seinen Preis. Als Helena mit Paris schimpft und ihm sagt, Menelaos sei der bessere Kämpfer, antwortet Paris: „Frau, lass ab, mir das Herz durch bittere Schmähung zu kränken. Jetzo hat Menelaos mir obgesiegt mit Athene; ihm ein andermal ich; denn es walten ja Götter auch unser."

Auch Athena ist eine große Lebensretterin in der Schlacht. Als der verwundete Diomedes sie anruft, heilt sie seine Wunden und entfernt das Dunkel, das Menschen daran hindert, Götter zu erkennen. Diomedes kann also sehen, ob er gegen einen Gott antritt oder nicht.

Die meisten Sterblichen hoffen auf göttliche Gunst, erkennen aber die Götter nicht. Sie beten zu den Göttern, bringen Opfer und wollen sie auf ihre Seite ziehen, doch sie sind ihrer Gnade ausgeliefert. Nur die tapfersten Krieger kämpfen gegen ihr Schicksal – im Wissen, dass sie es nicht ändern können.

Götter können also ihre Lieblinge aus der Schlacht entführen. Doch können sie auch ihr Schicksal ändern? Wenn einer das kann, dann Zeus; doch es ist unklar, ob Ereignisse vorherbestimmt sind und außerhalb selbst seiner Macht liegen. So kann Zeus den Tod von Helden wie Achill und Patroklos vorhersagen, ist aber besorgt, Achill könne das Schicksal selbst besiegen. Dazu kommt es, als Zeus den Göttern endlich erlaubt, in die Kämpfe einzugreifen:

... nun bleib' ich auf ragendem Hang des Olympos sitzend ... Aber ihr anderer geht hinab in die Heere der Troer und der Achaier: Beiden mögt ihr helfen, wie jedem das Herz es gebietet. Denn wo Achilleus allein den Troern naht in der Feldschlacht, nicht auch kleines bestehn sie den rüstigen Peleionen. Stets vor ihm ja zuvor auch entbebten sie, schon ihn erblickend; doch nunmehr, da so heftig um seinen Freund er ergrimmt ist, sorg' ich, dass er die Mauer auch trotz dem Schicksal verwüste. –
Homer, *Ilias*, Buch XX.

Tod und Schlaf tragen den toten Zeussohn Sarpedon nach Hause, den Zeus auf Heras Rat hin nicht vor dem Sterben vor Troja bewahrt hat.

Kampf zwischen Griechen und Trojanern. Marmorfragment aus Apulien, Süditalien

Der Gedanke, Achill könne „trotz dem Schicksal" siegen, impliziert, dass nichts sicher und das Schicksal fließend ist und durch menschlichen Willen geändert werden kann. Zeus weist auch hierauf hin, als sein eigener Sohn Sarpedon von seinem Schicksal ereilt wird, dem Tod durch die Hand des Patroklos. Er beklagt sich bei Hera und sagt, er erwäge, Sarpedon zu schonen. Hera will ihren Mann nicht provozieren und sagt, er könne das tun, doch es sei seine Pflicht, das Schicksal nicht zu ändern.

Tu's! doch nimmer gefällt es dem Rat der anderen Götter! Eines verkünd' ich dir noch, und du bewahr' es im Herzen. Wenn du ihn lebend entsendest in seinen Palast, den Sarpedon, dann bedenk', ob nicht ein anderer Gott auch begehre, seinen geliebten Sohn der schrecklichen Schlacht zu entführen … Aber wofern du ihn liebst, und deine Seel' ihn betrauert; siehe so lass ihn zwar im Ungestüme der Feldschlacht sterben …; doch sobald ihn verlassen der Geist und der Odem des Lebens, gib ihn hinwegzutragen dem Tod' und dem ruhigen Schlafe, bis sie gekommen zum Volk des weiten Lykierlandes, wo ihn rühmlich bestatten die Brüder zugleich und Verwandten mit Grabhügel und Säule; denn das ist die Ehre der Toten. Jene sprach's; ihr gehorchte der waltende Herrscher der Welt Zeus. Siehe mit blutigen Tropfen beträufelt' er jetzo die Erde, ehrend den lieben Sohn, den bald ihm sollte Patroklos tilgen. – Homer, *Ilias,* Buch XVI.

Das Schicksal ist veränderbar, doch es liegt an den Göttern, das zu verhindern, da sonst die natürliche Ordnung verkehrt wird. Im folgenden Chaos könnte ein großer Krieg zwischen den Göttern dämmern – unvorstellbar, wenn es dabei nur um einen Streit um Sterbliche gegangen ist.

Also hört Zeus auf Hera, lässt Sarpedon erschlagen werden und die Dinge nehmen ihren schicksalhaften Lauf. Doch unter Zeus' Befehl ziehen die Götter vergnügt ins Gefecht, um einander indirekt durch ihre auserwählten Krieger zu bekämpfen. Für die Götter ist dies ein letztes Hurra, bevor Hektor erschlagen wird und die Belagerung endet. Sie können Triumph und Tragik mit Hingabe und im Übermaß ausspielen – ohne Folgen für alle, die im Olymp leben.

Den kämpfenden Sterblichen selbst bleibt die Hoffnung, dass die Gegenwart eines Gottes sie auswählt und auf sie herabscheint. Dies ist das Beste, worauf die Kämpfer hoffen können. Es ist diese Hoffnung, die sie ohne realistische Erfolgschancen weiterkämpfen lässt; ohne die Götter ist das Schlachtfeld ein Platz, dessen Brutalität und Sinnlosigkeit sich jedem Verständnis entzieht.

Odysseus weint, während der blinde Sänger Demodokos den Fall Trojas besingt.

Apollon und Poseidon greifen in den Kampf vor Troja ein.

Auftritt des Sängers

Die Krieger auf der Ebene vor Troja sind nicht die einzigen Sterblichen, die die Götter um Hilfe anrufen: Dies tun auch die Barden, die Sänger der Geschichten von Krieg und Männern. In der *Odyssee* bittet der Sänger Demodokos die Muse um Hilfe beim Erzählen seiner Geschichten. Demodokos nennt Homer „den lieblichen Sänger, diesen Vertrauten der Muse, dem Gutes und Böses verliehn ward; denn sie nahm ihm die Augen und gab ihm süße Gesänge".

Alle sterblichen Menschen nehmen die Sänger billig mit Achtung auf und Ehrfurcht, so Odysseus.

Wahrlich, vor allen Menschen, Demodokos, achtet mein Herz dich! Dich hat die Muse gelehrt, Zeus' Tochter, oder Apollon! So zum Erstaunen genau besingst du das Schicksal der Griechen, alles, was sie getan und erduldet im mühsamen Kriegszug, gleich, als hättest du selbst es gesehn oder gehöret. Fahre nun fort und singe des hölzernen Rosses Erfindung, welches Epios baute mit Hilfe der Pallas Athene, und zum Betrug in die Burg einführte der edle Odysseus, mit bewaffneten Männern gefüllt, die Troja bezwangen. Wenn du mir dieses auch mit solcher Ordnung erzählest, siehe, dann will ich sofort es allen Menschen verkünden, dass ein waltender Gott den hohen Gesang dir verliehn hat. – Homer, *Odyssee*, Buch VIII.

Demodokos ist „gottbegeistert", als er die Geschichte vom Trojanischen Pferd und der folgenden Einnahme von Troja erzählt. Dieses Ereignis kommt nicht in der *Ilias* selbst vor. Seine Erzählung bewegt selbst die größten Krieger. Odysseus, der Erfinder des Pferdes, „schmolz in Wehmut".

Wer war Homer?

Hier kreuzen sich die Wege der Götter und Sänger, da die Muse den blinden Sänger inspiriert, den Erzähler großartiger Geschichten, die über Jahrtausende weitergegeben werden können. In gewissser Weise erhält der Sänger den gleichen Preis wie der Krieger: endlosen Ruhm. Die *Ilias* und die *Odyssee* sind Erzählungen in dieser Tradition, erzählt vom großen Sänger Homer, der Tradition gemäß blind wie Demodokos.

Die Schlacht der Götter

Von Zeus eingeladen, aufseiten der Sterblichen in den Kampf einzugreifen, beginnen die Götter einander zu bekämpfen: Ares und Aphrodite gegen Athena; Apoll gegen Poseidon; Hera gegen Artemis und Hephaistos gegen den Flussgott Xanthos. Nur dieser Kampf – zwischen Feuer und Wasser – wird ebenso ernsthaft geschildert wie Kämpfe zwischen Sterblichen. Die anderen haben durchaus vergnügliche Züge. Die meisten Götter betrachten ihren Kampf als Unterhaltung, ein Hauch von Komödie schwingt mit.

Athena schlägt Ares mit einem Stein gegen den Hals nieder, steht über ihm und lacht: „Törichter, nie wohl hast du bedacht, wie weit ich an Kraft dir vorzugehn mich rühme, da mir voll Trotz du begegnest." Aphrodite hilft dem stöhnenden Ares auf und führt ihn vom Schlachtfeld. Von Hera angestachelt, saust Athena hinterher, schlägt Aphrodite gegen die Brüste und beide liegen am Boden und japsen nach Luft.

Hera packt inzwischen Artemis, die Göttin der Tiere, bei den Knöcheln, reißt ihr den Bogen von den Schultern und schlägt damit Diana „lächelnd ins Angesicht um die Ohren ihr, die zurück sich gewandt". Artemis flieht zurück zum Olymp und setzt sich weinend auf Zeus' Knie. Zeus tröstet sie, doch er lacht dabei – wie die Leser. Für die Götter ist die Schlacht nicht real; sie sind unsterblich und können nicht ihr Leben verlieren.

Ein griechischer Sänger, vielleicht Homer, mit griechischen Hirten und Schnitterinnen

In Wahrheit wissen wir fast nichts über Homer; unsterblich sind die Epen, nicht der Mann. Die 15 693 Hexameter der *Ilias* zum Beispiel entstanden wahrscheinlich im achten Jahrhundert v. Chr. Sie haben daher mehr als 2700 Jahre überlebt. Wie ging das?

Der griechische Historiker Herodot berichtet, dass Homer „vor etwa 400 Jahren" lebte, also im neunten Jahrhundert. Der antike Homer-Fachmann Aristarch von Samothrake glaubte, dass Homer etwa 140 Jahre nach dem Trojanischen Krieg lebte. Das würde ihn irgendwann um 1100 v. Chr. ansetzen. Beide waren sich einig, dass Homer blind war. Falls Homer tatsächlich in dem Zeitraum lebte, den Aristarch annahm, so wäre das im dunklen Zeitalter des Mittelmeerraums und Nahen Ostens.

Vor dem Zusammenbruch der Bronzezeit waren die beiden um Homer herum verbreitetsten Sprachen das mykenische Linear B und die hethitische Keilschrift, aber beide Sprachen gingen mit diesen Reichen zusammen unter.

HOMER TRUG SEINE EPEN MÜNDLICH VOR, GANZ GLEICH, OB ER ZUGANG ZUM GESCHRIEBENEN WORT HATTE ODER NICHT.

Niemand weiß, wo Homer lebte. Viele nehmen an, er kam aus Westkleinasien, der heutigen Türkei. Die antike Stadt Smyrna wird als eine Möglichkeit vorgeschlagen, die kleine Insel Chios ist eine andere. Höchstwahrscheinlich trug Homer seine Epen mündlich vor, ganz gleich, ob er Zugang zum geschriebenen Wort hatte oder nicht. Die Dichtungen des Epischen Zyklus wurden jahrhundertelang von einem Sänger auf den anderen weitergegeben und so gewissermaßen dem kollektiven Gedächtnis überantwortet.

Erst Jahrhunderte später wurden sie aufgeschrieben. Es ist denkbar, dass jemand, der dabei war oder der jemanden kannte, der dabei war, die Geschichte des Trojanischen Krieges einem Sänger erzählte.

Mündlich überlieferte Dichtkunst gibt es in vielen Kulturen, von den Maori zu den Wikingern. Dichtung wurde lange nur rezitiert oder gesungen und später erst aufgeschrieben. Bis heute ist diese mündliche Tradition in den Balkanländern, in Armenien und in Irland lebendig.

Typisch für diese mündliche Überlieferung sind Floskeln oder übliche Epitheta als praktische Phrasen, die ins Versmaß passen und dem Erzähler Zeit geben, sich die nächsten Zeilen zurechtzulegen. Daher spielen diese Phrasen später, wenn die Epen aufgeschrieben werden, so eine wichtige Rolle im Werk.

Manche glauben, dass Homer bei seiner Komposition irgendeine Form von Schrift benutzt haben muss, auch wenn er die

Der berühmte Nestorbecher. Seine Beschriftung im neuen griechischen Alphabet sagt: „Ich bin Nestors Becher, aus dem sich gut trinken lässt."

Epen nicht selbst aufschrieb, sondern einem Schreiber diktierte. Das werden wir wohl nie erfahren. Homer bleibt geheimnisvoll.

Man nimmt an, dass die *Ilias* erstmals um 750–725 v. Chr. aufgeschrieben wurde, vielleicht auf einem ägyptischen Papyrus oder Tierhäuten. Herodot sagt, die Griechen des 5. Jahrhunderts verwenden das Wort „Haut“, wenn es um Bücher geht. Bellerophon erhielt ein Begleitschreiben „auf gefaltetem Täflein“. Worauf auch immer – die tatsächliche Niederschrift des Epos muss extrem lange gedauert haben. Das frühgriechische Alphabet, das für das Gedicht auf dem Nestorbecher aus Ischia diente, war roh und sperrig; es dauerte Jahre, bis eine schriftliche Kopie eines sorgfältig komponierten gesprochenen Epos fertig war.

Das geschriebene Wort

Es gibt fast keinen Hinweis darauf, ob die Helden der *Ilias* oder *Odyssee* lesen oder schreiben konnten. In der *Ilias* kommt Geschriebenes nur in einer Nebenerzählung in Buch VI vor: „… und der König erzürnte, solches vernehmend. Dennoch vermied er den Mord, denn graunvoll war der Gedank' ihm. Aber er sandt' ihn gen Lykia hin, und traurige Zeichen gab er ihm, Todesworte geritzt auf gefaltetem Täflein, dass er dem Schwäher die Schrift darreicht', und das Leben verlöre.“

Wir wissen nicht, welche Schrift bei Bellerophons Begleitschreiben zum Einsatz kam. Wahrscheinlich war es Linear B, die mykenische Schrift mit über 200 Zeichen und Symbolen, die nur geübte Schreiber verwenden konnten. Linear B ging beim Zusammenbruch der Bronzezeit unter und für einige Zeit war der Mittelmeerraum des Lesens unkundig. Was danach kam, war ein Alphabet mit weniger als 30 Buchstaben, die für Poesie geeignet waren. Diese Schrift erhielten die Griechen von den Phönikern, der großen Handelsmacht des Mittelmeeres. Sie waren ein semitisches Händlervolk mit den Zentren Tyre und Sidon in Palästina. Phönikische Händler waren auch im dunklen Zeitalter aktiv und ihre Schiffe rund ums Mittelmeer bekannt.

Die Phöniker reisten auch zur Insel Ischia in der Bucht von Neapel, um deren Eisen-, Silber- und Zinnvorkommen auszubeuten. Hier lebten auch griechische Überlebende des dunklen Zeitalters; irgendwie wurden beide Völker Partner. Das phönikische Alphabet bestand nur aus Konsonanten und diente vor allem Handel und Geschäftszwecken. Die Griechen fügten zwölf Vokale hinzu und verwandelten es in eine Sprache, die sich für Dichtung und Prosa eignete.

Der großartige archäologische Nachweis dieses neuen griechischen Alphabets war der Nestorbecher, eine Trinkschale aus dem achten Jahrhundert v. Chr. In seine Seite ist in dem neuen griechischen Alphabet das folgende Gedicht eingraviert:

„Nestors Becher [bin ich, oder: gab es mal], aus dem sich gut trinken lässt [ließ]. Wer aber aus diesem Becher trinkt, den wird sogleich Verlangen, [die Gabe] der schön bekränzten Aphrodite, ergreifen.“

Im 6. Jahrhundert v. Chr. kursierten Homers Epen im gesamten griechischen Raum, inzwischen auf großen Papyrusrollen. In dieser Form kannten sie die Gelehrten in Alexandria, der ägyptischen Stadt, die Alexander d. Große im 4. Jahrhundert v. Chr. gegründet hatte. Wahrscheinlich nahm hier Aristarch von Samothrake, im 2. Jahrhundert v. Chr. Leiter der berühmten Bibliothek von Alexandria, die Aufteilung der *Ilias* in 24 Bücher vor. Der Grund dafür war rein pragmatischer Natur: Papyrus neigt dazu zu brechen, wenn die Rollen zu lang sind.

Im Laufe der Jahrhunderte ersetzte Pergament den Papyrus. Weiterhin wurden die Kopien von Homers Epen von Hand geschrieben. Nach dem Zusammenbruch des

In diesem neuen Alphabet ließen sich erstmals Texte wie die Epen Homers schriftlich festhalten.

Phönikische Händler bieten ihre Waren in einem Mittelmeerhafen an.

Römischen Reiches wurden bis ins 14. Jahrhundert n. Chr. Pergamentkopien der *Ilias* in Westeuropa, zum Beispiel in Italien, gefunden. Leider konnte sie niemand lesen. Die Kenntnis des Griechischen war in Westeuropa verloren gegangen. Erst griechisch sprechende Gelehrte, die nach der Eroberung von Byzanz durch das Osmanenreich 1453 aus der Stadt flohen, brachten die Sprache wieder in den Westen. Mit der Sprache kamen viele griechische antike Manuskripte, darunter Homers Epen.

Erstausgabe

Die erste gedruckte Ausgabe der *Ilias* erschien 1588 in Florenz. Damit begann die lange Reihe gedruckter Homer-Ausgaben, die bis heute fortgesetzt wird. Seine Epen gelten als ältestes Werk der Weltliteratur und ein ganzes Forschungsgebiet beschäftigt sich mit der Analyse seiner Texte.

Der Mann Homer, der Trojanische Krieg und die Beziehung der Epen zur Geschichte faszinieren Menschen seit fast 3000 Jahren. Doch ist es die Magie der Texte selbst, die diese Faszination wach hält. Der früheste der großen Dichter der Welt bleibt auch vielleicht der größte. Homer wirft den längsten und breitesten Schatten.

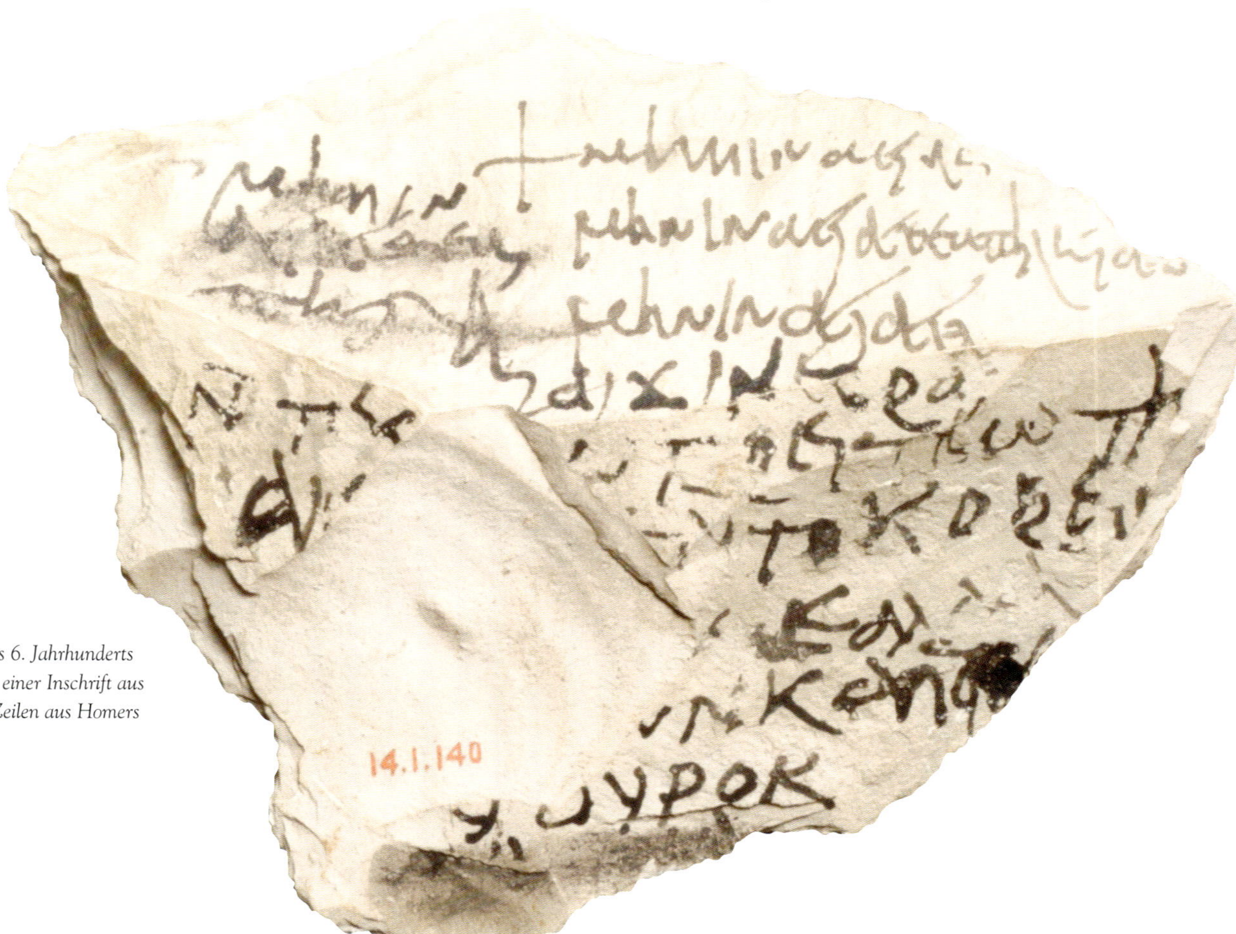

Scherbe des 6. Jahrhunderts v. Chr. mit einer Inschrift aus Tinte mit Zeilen aus Homers Ilias

GEGENÜBER: *Titelseite einer Homer-Ausgabe von 1615*

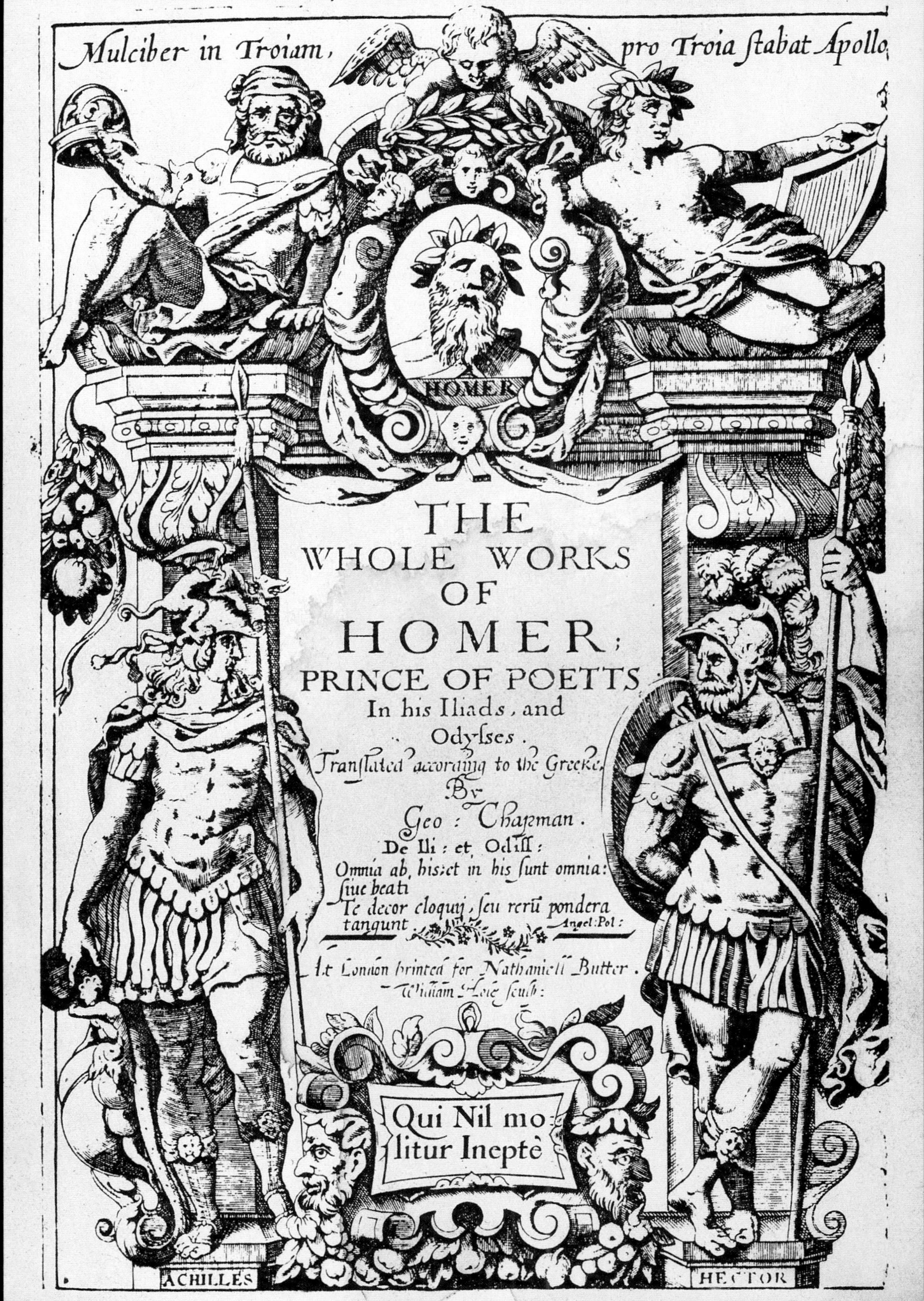
Mulciber in Troiam, pro Troia ſtabat Apollo
HOMER
THE
WHOLE WORKS
OF
HOMER;
PRINCE OF POETTS
In his Iliads, and
Odyſses.
Tranſlated according to the Greeke.
By
Geo: Chapman.
De Ili: et Odiſſ:
Omnia ab his: et in his ſunt omnia:
ſiue beati
Te decor eloquij, ſeu rerū pondera
tangunt.
Angel: Pol:
At London printed for Nathaniell Butter.
William Hole ſculp:
Qui Nil mo-
litur Inepte
ACHILLES
HECTOR

Kapitel 7

Nach dem Fall Trojas

In Vergils *Aeneis* erzählt Aeneas bedrückten Zuhörern vom Fall von Troja. Das Schicksal der Trojaner war das gleiche wie das vieler realer bronzezeitlicher Flüchtlinge, deren Städte Erdbeben, Hungersnöten und barbarischen Angriffen zum Opfer fielen.

In Vergils *Aeneis* ist Aeneas der trojanische Krieger, der die Überlebenden von Troja anführen wird, um eine neue Kultur zu gründen: Rom. Bei Dido, der Königin von Karthago in Nordafrika, beschreibt Aeneas die schrecklichen Details von Trojas Untergang. Er beschreibt das hölzerne Pferd, das Odysseus ersann und im verlassenen Griechenlager zurückließ. In seinem Inneren sitzen ausgewählte griechische Kämpfer in voller Bewaffnung.

Die Trojaner starren das hölzerne Pferd an und denken über seinen Sinn nach. Der Krieger Thymoetes ruft, das Pferd sei eine Beute und sollte in die Stadt geholt werden. Andere halten es für eine Falle. Zieht es ins Meer, schneidet es auf oder zündet es an, sagen die Ältesten. Dann kommt der Priester Laokoon aus der Stadt gerannt:

Elende, ruft er von fern, welch rasender Wahn, o ihr Bürger? Glaubt ihr hinweggefahren den Feind? und hofft ihr, betruglos komme vom Danaervolk ein Geschenk? So kennt ihr Ulixes? Hier sind entweder geheim in dem Holz verschlossen Achiver, oder das Rüstzeug ward auf unsere Mauern gezimmert, hoch in die Häuser zu schaun und der Stadt zu nahen von oben; oder es birgt sonst Tücke. Dem Roß nicht getrauet, o Teukrer! Was es auch sei, mir bangt vor dem Danaer, bring' er Geschenk auch! – Vergil, *Aeneis*, Buch II.

Laokoon packt einen Speer und schleudert ihn gegen den Bauch des Pferdes, doch die Waffe trifft keinen Menschen. Stattdessen werden die Trojaner durch das Erscheinen des Sinon abgelenkt, eines Griechen, er erklärt, er sei mit dem Pferd als Opfer an die Göttin Athena zurückgelassen worden.

GEGENÜBER: *Darstellung des Trojanischen Pferdes. Die Details vom Fall Trojas erfahren wir nicht aus Homers Ilias, sondern aus Vergils Aeneis.*

Vielleicht ein Bildnis des Aeneas, des Trojaners, der Rom gründete und dessen Nachkommen angeblich noch viele weitere Länder besiedelten.

Athena, so Sinon weiter, habe die Griechen verflucht, nachdem Odysseus ihren Tempel geschändet hatte. Um sie zu besänftigen, wurde das hölzerne Pferd als Opfer zurückgelassen, damit sie Troja verlassen und sicher heimreisen konnten. Sinon warnt davor, die Statue zu beschädigen: Athena werde dann Troja zerstören. Doch wenn das Pferd in die Stadt gebracht werde, sei den Trojanern Athenas Hilfe in einem späteren Krieg gegen die Griechen sicher.

Da tauchen, wie um Sinons Bericht zu bestätigen, zwei „unermesslich kreisende Schlangen, über das Meer sich dehnend und eilen zugleich an das Ufer; denen die Brust, in den Wellen emporgebäumt, und die Mähne blutrot aus dem Gewog' aufragt". Die Schlangen verschlingen Laokoons zwei Söhne, ehe sie den Priester erdrosseln und dann zum Schrein der Athena in die Stadt gleiten.

Gleich hieß es, das sei die Strafe, weil Laokoon das Pferd – und damit Athena – mit seinem Speer entweiht habe. „Nun zum Tempel geführt das Bild", ruft die Menge und das Trojanische Pferd, „schwanger von Wehr", wird in die Stadt gezogen. Als alles schläft, befreit Sinon die griechischen Krieger aus dem Pferd. Trojas letzte Stunde hatte geschlagen.

Inzwischen erscheint Aeneas im Traum der Geist Hektors. Der trojanische Prinz hatte nicht mehr den makellosen Körper, den die Götter vor Achills brutalen Schändungen bewahrt hatten. Jammervoll und bittere Tränen weinend, „so wie vordem vom Gespanne geschleift, in des blutigen Staubes Schwärze gehüllt, und mit Riemen die schwellenden Füße durchzogen" erscheint er Aeneas und rät diesem zu fliehen, da Troja nun dem Untergang geweiht sei. Aeneas' Schicksal, so Hektor, sei es, die Überlebenden und die Penaten, die Stadtgötter, zu nehmen und „... für sie such' andere Mauern, herrliche, die nach Irren durch Meerflut endlich du aufbaust". Doch Aeneas beherzigt Hektors Worte nicht, als ihn das Kampfgetümmel weckt; er legt seine Rüstung an und wirft sich in den Kampf.

Seine Anstrengungen sind vergeblich, da das zurückgekehrte Heer der Griechen in die Stadt strömt und mit dem Gemetzel beginnt. Aeneas berichtet viele Gräuel,

GEGENÜBER: Seeschlangen erdrosseln den trojanischen Priester Laokoon und seine Söhne. Dies galt als Aufforderung der Götter, das Trojanische Pferd in die Stadt zu bringen.

LA 2

doch am traurigsten ist der Tod des Priamos, des alten Königs von Troja:

Als der eroberten Stadt Umsturz und zerrüttet der Wohnung Schwellen er sah, und gedrungen den Feind in die innersten Kammern, hüllet er Waffen, der Greis, um die kraftlos bebenden Schultern, längst entwöhnete Waffen, umsonst; mit dem Stahle der Ohnmacht gürtet er sich und rennt wie zum Tod in die dichtesten Scharen … Aber o schau, wie entschlüpfend aus Pyrrhus Morde Polites, einer von Priamus Söhnen, daher durch Geschosse, durch Feinde flieht die gesäuleten Hallen entlang und verödete Säle, triefend von Blut; ihn verfolgt mit zuckender Wunde des Todes Pyrrhus entbrannt; gleich hält ihn sein Arm, gleich drängt' er den Speerstoß. Als er zuletzt vor die Augen entfloh und das Antlitz der Eltern, sank er dahin und verströmte mit vielem Blute das Leben. Priamus jetzt, obgleich schon finsterer Tod ihn umringet, doch nicht hielt er sich länger, der Stimm' und des Zornes zu schonen. Ha! dir Scheusal, rufet er aus, unmenschlicher Frevler, müssen, wenn Huld im Himmel noch

Aeneas am Hofe Didos, der Königin von Karthago. Gemälde des 18. Jahrhunderts

wohnt, die solches beachtet, würdigen Dank die Götter verleihn und Lohn dir erwidern, der dir gebührt! du, der du des Sohns Ermordung mich selbst hier anschaun ließt und dem Vater durch Mord entweihtest das Antlitz. Doch nicht jener, von dem du erzeugt dich lügest, Achilles, tat an Priamus also, dem Feind; Scheu trug er und Ehrfurcht vor demütigem Flehn und gab den verbluteten Leichnam Hektors wieder der Gruft und entsandte mich selbst in die Herrschaft. Also zürnte der Greis und warf ohnmächtigen Schwunges sein wehrloses Geschoss, das sofort vom dumpfigen Erze prallt' und gelähmt dahing an des Schilds vorragendem Nabel. Pyrrhus darauf: So melde denn dies und mit Botschaft hin zu dem Vater Achilles! Vergiss nicht, alle die Frevel seines entarteten Sohns Neoptolemus ihm zu verkünden! Jetzo stirb! – So sprach er, und flugs den Erzitternden rafft' er hin zum Altar, wie er schwankt' in vielem Blute des Sohnes; flocht in die Linke das Haar, mit der andern hub er das blanke Mordschwert und bis zum Hefte hinab in die Seite verbarg er's. – Vergil, *Aeneis*, Buch II.

Nach Priamos' Tod begegnet Aeneas seiner Mutter Venus. Sie erinnert ihn an seinen eigenen Vater, seine Frau Kreüsa und den Sohn Askanios (oder Iulus), die zu Hause auf ihn warten, und mahnt ihn, die Stadt zu verlassen und seine Familie zu retten. Doch als sie aus der Stadt fliehen, ist Kreüsa plötzlich verschwunden. Aeneas sucht in der brennenden Stadt nach ihr. Da erscheint ihm Kreüsas Geist. Sie sagt ihm, er werde am Tiber sein Reich mit einer neuen Königin an seiner Seite gründen.

„Als sie die Worte gesagt, und ich weint', und vieles zu reden trachtete, floh sie hinweg und verschwand in wehende Lüfte. Dreimal strebt' ich hinan, um den Hals ihr die Arme zu schlingen; dreimal vergeblich gefasst …"

Das Pferd wird in die Stadt gezogen, Trojas Schicksal ist damit besiegelt.

Aeneas kehrt zu Vater und Sohn außerhalb der Stadt zurück. Dort hat sich eine Schar Flüchtlinge gesammelt – die letzten Überlebenden Trojas. Sie werden der Legende nach Rom gründen. Zuvor sollten sich Vergils mythische Trojaner den wandernden Völkern der realen Bronzezeit anschließen; die Reiche von Hatti und Mykene sollten Trojas Schicksal teilen: Auch ihre Kulturen gingen in Flammen auf.

Ermordung des Priamos durch Achills Sohn Neoptolemus oder Pyrrhus, der sein Schwert „bis zum Hefte hinab" in den Körper des alten Mannes versenkt.

Der Zusammenbruch von Mykene

Für die Einnahme von Troja hatten die Krieger der *Ilias* über zehn Jahre gekämpft, doch der Sieg war bitter errungen. Auf viele griechische Helden wartete ein schrecklicher Tod. Ihr Anführer Agamemnon, König des Stadtstaats Mykene, wurde von seiner Frau und ihrem Liebhaber ermordet. Auch Agamemnons Schicksal spiegelte in gewisser Weise die historische Realität, denn der Stadtstaat Mykene wurde durch Gewalt und Feuer zerstört; andere mykenische Stadtstaaten sollten folgen. Doch die Zerstörung des mykenischen Griechenland war nur ein Teil einer Katastrophe, die die Kulturen des Mittelmeerraums und Nahen Ostens hinwegfegte. Die Bronzezeit lag in Trümmern.

Die auf die umfassende Zerstörung der Bronzezeit folgende Periode heißt auch das dunkle Zeitalter Griechenlands. Die mykenischen Paläste wurden verlassen, die Schriftsysteme vergessen, Fernhandel und Diplomatie hörten auf, Regierungen und religiöse Beamtenapparate existierten nicht mehr; die Bevölkerung kehrte zu einer einfachen ländlichen Lebensweise zurück.

Wie konnte eine solche Katastrophe Mykene befallen, eine der damaligen Großmächte? Hier sind noch viele Rätsel offen.

Es gibt keine Schriftquellen aus dieser Zeit, keine Schreiber, die den Zusammenbruch festhielten. Es gibt keine neuen hethitischen Keilschrifttafeln, die so viel über die späte Bronzezeit berichtet haben. Die Hinweise sind mager; der Zusammenbruch hatte demnach aber wohl viele Ursachen.

Im 13. Jahrhundert v. Chr. wurden die Handelsrouten im Mittelmeerraum und Nahen Osten unsicher und die Bevölkerung war einer wachsenden Bedrohung von Angriffen ausgesetzt. Darauhin errichteten die Stadtstaaten von Mykene große Verteidigungsanlagen, besonders in Küstennähe. Die Bedrohung wurde also vom Meer aus erwartet.

In den Stadtstaaten Tiryns und Mykene wurden die Städte mit massiven Zyklopenmauern gesichert; manche waren bis zu sieben Meter dick. „Die festummauerte Tiryns", wie Homer sie nannte, fügte lange unterirdische Tunnel hinzu, die als letzter Zufluchtsort in einer Belagerung dienen konnten. Tiryns und Mykene bauten komplexe Wasserwerke, damit ihre Wasserversorgung im Kriegsfall gesichert war. In Orchomenos wurde eine kilometerlange Mauer um das Ackerland errichtet, das die Stadt umgab.

Auch anderswo in Griechenland entstanden ähnliche Befestigungen. In Korinth, Araxos und Lakonien entstanden Zyklopenmauern zum Meer hin – sie stehen bis heute. Doch waren die Mauern nicht stark genug, um der Bedrohung standzuhalten, die ihre mykenischen Erbauer fürchteten – welche auch immer das war.

Räuber zur See

Vorkehrungen gegen eine Invasion vom Meer aus sind im einzigen schriftlichen Dokument der Zeit festgehalten: Linear-B-Tafeln aus dem Palast von Pylos. Eine Tafel trägt den sprechenden Titel: „So schützen die Wächter die Küsten." Sie listet die lokalen Militäranführer, die die Stadt schützen, mit der Zahl der Männer unter ihrem Kommando auf: „Kommando von Maleos bei Owitono: Ampelitawon, Orestas, Etewas, Kokkion … Fünfzig suwerowijo-Männer aus Owitono nach Oichalia … Zehn kekide-Männer aus Kyparissia bei Aithalewes … Dreißig Männer aus Oichalia nach Owitono."

Aeneas trägt seinen Vater Anchises aus dem brennenden Troja. Schwarzfigurige attische Halsamphore, um 520 v. Chr.

Agamemnons Ende

Als Herrscher des mächtigen Stadtstaats Mykene und Anführer des griechischen Heeres, das Helena zurückholen wollte, hätte Agamemnon aus Troja in ein Leben aus Luxus und Ruhm zurückkehren sollen. Doch es kam anders. Als Odysseus während seiner Odyssee ins Land der Toten fährt, muss er einen Graben ziehen und ihn mit Widderblut füllen, das die Geister der Toten trinken, worauf sie ihre Stimme zurückerhalten. Der Geist Agamemnons enthüllt Odysseus, dass er von der Hand seiner Frau Klytaimnestra und ihres Liebhabers Aigisthos starb: *Aigisthos bereitete mir das Schicksal des Todes, samt dem schamlosen Weibe! Er lud mich zu Gast und erschlug mich unter den Freuden des Mahls; so erschlägt man den Stier an der Krippe! Also starb ich den kläglichsten Tod und alle Gefährten stürzten in Haufen umher, wie hauerbewaffnete Eber … Jämmerlich hört ich vor allen Kassandra, Priamos' Tochter, winseln, es tötete sie die tückische Klytaimnestra über mir; da erhub ich die Hände noch von der Erde und griff sterbend ins Schwert der Mörderin.* – Homer, *Odyssee,* Buch XI.

Während er mit Agamemnon spricht, erscheint auch der Geist Achills vor Odysseus: „Welche Kühnheit, herab in die Tiefe zu steigen …!" Achill enthüllt ihm die wahren Schrecken der Unterwelt und wie wenig Lebende von der Ewigkeit wissen: „Lieber möcht ich fürwahr dem unbegüterten Meier, der nur kümmerlich lebt, als Tagelöhner das Feld baun, als die ganze Schar vermoderter Toten beherrschen."

Tod des Agamemnon. Klytaimnestra steht mit der Axt ungerührt neben dem Leichnam ihres Mannes.

Die Ruinen des ehemals bedeutenden Stadtstaates Mykene

WIR MÜSSEN DAVON AUSGEHEN, DASS PYLOS ANGEGRIFFEN, EINGENOMMEN UND DIE BEVÖLKERUNG VERSKLAVT WURDE, SO WIE DIE GRIECHEN ES MIT TROJA GEMACHT HATTEN.

Anders als Mykene und Tiryns baute Pylos nie Zyklopenmauern, so stark war das Vertrauen der Stadt in die Armee. Doch auch hier herrschte zuletzt Panik, als der Palast eilig Krieger zum Schutz anforderte; rasch war eine Truppe von 1500 Mann beisammen. Eine andere Linear-B-Tafel aus Pylos zeugt von Torschlusspanik, von verzweifelten Verteidigungsmaßnahmen. Menschenopfer, bislang eine Seltenheit, sollen nun die mykenischen Götter besänftigen.

PYLOS: führe eine gewisse Handlung am Schrein Poseidons durch und … die Stadt, und bring die Gaben und die Träger. Eine Goldschale, zwei Frauen … PYLOS: führe eine gewisse Handlung an den Schreinen der Taubengöttin und von Iphemedeia und von Diwja durch, und bring die Gaben und die Träger. Der Taubengöttin: eine Goldschale, eine Frau. Der Iphemedeia: eine Goldschale. Der Diwja: eine Goldschale, eine Frau. Für Hermes … eine Goldschale, ein Mann. PYLOS: führe eine gewisse Handlung am Schrein von Zeus durch, und bring die Gaben und die Träger. Für Zeus: eine Goldschale, ein Mann. Der Hera: eine Goldschale, eine Frau. Dem Drimios, Priester des Zeus: eine Goldschale, ein Mann.

Besonders dramatisch: Dieser letzte Linear-B-Satz läuft über den Rand der Tafel, als sei der Schreiber beim Schreiben unterbrochen worden, während die Stadt überrannt wurde. Sicher wurde diese Tafel nicht in einem Ofen, sondern in

Die Zyklopenmauern von Tiryns stehen trotz der antiken Zerstörung bis heute.

den Flammen gebrannt, die die Stadt verschlangen. Da die Ausgräber keine menschlichen Überreste fanden, müssen wir davon ausgehen, dass die Stadt angegriffen, eingenommen und die Bevölkerung versklavt wurde, so wie die Griechen es mit Troja gemacht hatten.

Dieses Mal waren die Angreifer die rätselhaften Seevölker, ein Zusammenschluss von hungernden Kriegern und ihren Familien, die gemeinsam die etablierten Kulturen des Mittelmeerraums und Nahen Ostens angriffen. Doch das Heer, das Pylos einnahm, war mehr als eine

Die Tontafeln aus Pylos wurden innerhalb der Palastruinen gefunden. Viel von dem, was wir über die Mykener wissen, entstammt diesen Tafeln.

Gruppe zusammengewürfelter Krieger auf Nahrungssuche; es muss gut organisiert gewesen sein, wollte es eine mykenische Stadt nach der anderen zerstören.

Zugleich trafen Erdbeben Mykene und Tiryns. Missernten und Hungersnöte kamen dazu und Überbevölkerung belastete den erweiterten Mittelmeerraum und Nahen Osten. All das gemeinsam machte viele Kulturen zunehmend angreifbar; viele Stadtbewohner wurden zu Flüchtlingen. Diese dürften sich den Seevölkern angeschlossen haben, die sich zusammenfanden, um andere Städte anzugreifen.

Agamemnons Mykene, reich an Beute aus dem gerade erst eroberten Troja, muss ein attraktives Ziel dargestellt haben, vor allem, wenn die Verteidigung der Stadt durch ein Erdbeben gefährdet war. Wer auch immer von den stolzen Kriegern Mykenes übrig war, zog aus, den Invasoren entgegen. Doch mit leichten Waffen und langen Schwertern ausgerüstet, machten die Angreifer mit den mykenischen Streitwagen kurzen Prozess. Die Mykener wurden besiegt, die Burg gestürmt und ihre Bewohner versklavt, genau wie in Pylos.

Nacheinander wurde ein Stadtstaat nach dem anderen durch Brand zerstört: Krisa, Menelaion, Araxos, Orchomenos und Theben. Die meisten verfielen; Pylos, Krisa und Menelaion wurden nie wieder besiedelt. Andere wie Mykene und Tiryns erlebten eine Form von Revival, als Menschen in die Ruinen zurückkehrten und innerhalb ihrer Zyklopenmauern einfache Behausungen errichteten. Doch die Macht der mykenischen Könige war vorbei.

Dieser tönerne Sargdeckel aus dem Mittleren Osten vermittelt eine Vorstellung von einem der Seevölker.

468 v. Chr eroberten Truppen aus Argos die Stadt, verschleppten die Einwohner und schleiften die Mauern. In römischer Zeit wurden seine unbewohnten Überreste zu einer Touristenattraktion.

Die Seevölker in Ägypten

Nicht alle Kulturen zerfielen beim Zusammenbruch der Bronzezeit: Ägypten konnte die Seevölker zweimal zurückschlagen und überlebte noch mehrere Jahrhunderte lang.

Die Stele aus Tanis von Ramses II. enthält die erste Erwähnung der Seevölker durch die Ägypter.

Da Ägypter lebten, um die Geschichte zu erzählen, berichten sie auch von ihren Gefechten. Unter Ramses II. gab es die erste ägyptische Erwähnung der Seevölker in den Inschriften von Stelen aus Tanis und Assuan.

Darin wird eine Schlacht aus dem Jahr 1290 v. Chr. zwischen Ramses II. und einer angreifenden Armee beschrieben, zu der die wilden Scherden gehörten, „die noch niemand je zu bekämpfen gewusst hatte. Sie kamen kühn in ihren Kriegsschiffen aus der Mitte des Meeres, und niemand konnte ihnen widerstehen". Die Entscheidungsschlacht fand im Nildelta statt, Ramses siegte und „zerstörte die Krieger des großen grünen Meeres". Interessanterweise setzte er selbst viele gefangene Scherden in der Schlacht von Kadesch 1274 gegen die Hethiter ein. Das war die erste Begegnung der Hethiter mit den Seevölkern, doch es sollte nicht ihre letzte sein.

1210 v. Chr. griffen die Seevölker erneut Ägypten an. Der Sohn Ramses', Pharao Merenptah, beschreibt einen Angriff der benachbarten Libyer und ihrer Verbündeten, zu denen Luka, Scherden, Schekelesch und „Akawascha-Leute von den fremden Ländern der See" gehörten.

Merenptahs Inschriften besagen: „Der elende, gefallene Führer Libyens, Meria, fiel über dieses Land mit seinen Bogenschützen her – Scherden, Schekelesch, Eqwesch, Luka, Teresch, und nahm von allen die besten Krieger und alle Kämpfer seines Landes mit. Er nahm seine Frau und seine Kinder mit – Feldlagerleiter, und er hat die westliche Grenze erreicht."

Doch statt von dem Angriff überrascht zu werden, schlug Merenptah die Angreifer an einem Tag zurück und tötete mehr als 6000 ihrer Krieger – so seine Inschrift. Merenptah berichtet, dass das Heer der

Seevölker auch Frauen, Kinder, Rinder und Wagen umfasste, was erneut nahelegt, dass sie eher wandernde Völker als Plünderer waren. Zu den 9500 Gefangenen gehörten Zivilisten ebenso wie Soldaten. Waren unter ihnen auch Flüchtlinge aus Mykene?

Der letzte Angriff der Seevölker erfolgte eine Generation später unter der Herrschaft von Ramses III. Über diesen Konflikt sind wir durch die Inschriften und Bilder auf den Reliefs des Totentempels Ramses III. in Medinet Habu informiert. Hier heißt es sinngemäß: „Die Fremdländer nämlich hatten sich zusammengetan auf ihren Inseln; verdrängt und zerstreut im Kampfgetümmel waren die Völker in einem Augenblick; kein Land konnte standhalten vor ihren Armeen; Hatti, Qadi, Karchemisch, Arzawa, und Alasia waren entwurzelt." Und weiter:

Wer waren die Seevölker?

Forscher streiten noch über die Identität dieser schwer fassbaren, kaum erfassten Gestalten. Ihre Namen kommen von den Ägyptern, die von ihnen angegriffen wurden. Sie bezeichnen die Seevölker als die Denyen, Peleset, Schekelesch, Scherden, Teresch, Tjekker, Weschesch, Karkischa, Lukka, Turscha und Akawascha: sie kamen aus Anatolien, Syrien, Zypern, Palästina, Phönikien, Sardinien, Sizilien und Griechenland, die Akawascha vielleicht von Mykene selbst, und es fällt schwer, den Namen nicht mit jenem zu vergleichen, den Homer den Griechen gab: die Achaiwoi. Könnten unzufriedene mykenische Krieger nach dem Sturz ihrer Stadtstaaten zu den Seevölkern gestoßen sein, auf der Suche nach Beute und neuem Land?

Darstellungen der Seevölker auf ägyptischen Flachreliefs zeigen unter anderem ähnliche Bewaffnung und Rüstung wie jene der Mykener. Doch man weiß auch, dass die Seevölker neuartige Waffen besaßen: kleine Rundschilde, leichte Wurfspeere und lange Schwerter als Stich- und Hiebwaffen. Manche bestanden aus dem Material, das die neue Zeit beherrschen und Bronze ablösen sollte: Eisen.

Mit bahnbrechenden Waffen ausgestattet, segelten die Seevölker raubend und zerstörend durch die Kulturen des östlichen Mittelmeerraums und Nahen Ostens. Ihr Motiv ist ein Teil des Rätsels: Ging es ihnen um Beute und Sklaven oder trieb sie ein dringenderes Motiv an? Mehrfach heißt es, die Seevölker reisten mit Frauen und Kindern, was den Schluss nahelegt, dass sie entwurzelte Migranten waren, ziemlich sicher Flüchtlinge, denen Probleme oder Zerstörungen ihre Heimat geraubt hatten. Manche der Seevölker jedoch waren einfach Piraten. Die Lukka aus Anatolien zum Beispiel verübten häufig Überfälle auf Zypern und Phönikien.

Vermutlich gehörten zu verschiedenen Zeiten verschiedene Gruppen mit verschiedenen Zielen zu den Seevölkern. Das Verbindende ist ihre tödliche Schlagkraft. Nur die Macht Ägyptens war fähig, ihren Angriffen zu widerstehen.

Ramses III. schlägt die Seevölker mit „Kriegsschiffen, Galeeren und Lastkähnen, die von Bug bis Heck mit tüchtigen Kriegern bemannt waren".

Sie kamen nun, während ihnen die Feuersbrunst schon bereitet war, gegen die Heimat … Die Philister, Tjeker, Schekelesch, Danu und Weschesch, verbündete Länder, legten ihre Hände auf die Länder bis zum Erdkreis; ihre Sinne dem geneigt und davon erfüllt, dass ihre Absichten Wirklichkeit würden. Nun war aber der Sinn jenes Gottes, des Herrn der Götter, darauf eingestellt und bereit, sie einzufangen wie die Vögel. Er gab meine Stärke, gab, dass meine Absichten wirklich … wurden. Ich bemannte meine Grenze gen Djahi, rüstete sie auf mit Stammesfürsten, Garnisonskommandeuren und Elitesoldaten. Ich ließ die Nilmündung zurüsten wie eine gewaltige Mauer aus Kampfschiffen, Lastschiffen und gewappneten Transportschiffen, wobei sie vollständig ausgerüstet waren von Bug bis Heck mit starken Truppen unter Waffen … all die Auserlesenen Ägyptens, wie die Löwen, wenn sie auf ihren Bergen gebrüllt haben; die Streitwagentruppen wurden gestellt von Kampfläufern, von Waffenträgern und ausgezeichneten Streitwagenrittern, die ihre Hand zu führen wussten. Ihre Pferde vibrierten an allen Gliedern, bereit, die Barbarenländer niederzutreten unter ihre Hufe. – Ramses III., *Inschrift in Medinet Habu (nach der Übersetzung von Friedrich Junge).*

Es kam zu zwei Schlachten, eine zu Lande, eine zur See. Die Reliefs in Medinet Habu lassen vermuten, dass die Angreifer in einen Hinterhalt gelockt wurden; sie erscheinen auf einem wirren, chaotischen Schlachtfeld mit Frauen, Kindern und Rindern mitten im Getümmel. Ramses schickte seine Streitwagen mit tödlicher Wirkung ins Zentrum des Gedränges. Der Gegner war leicht besiegt. Die Seeschlacht endete noch triumphaler, da die Seevölker in ihren Booten festsaßen, die zum Kentern gebracht wurden. Ramses weiter:

Jene, die meine Grenze erreichten – ihr Same ist nicht mehr; ihr Herz und ihre Seele sind zunichte geworden für immer; diejenigen aber, die zusammengeschart herkamen vom Meer – die Glut erfüllte sich an ihnen vor den Deltamündungen, für sich umzingelt, ein Gehege von Speeren am Uferdamm, herausgezogen, niedergestürzt und hingestreckt am Gewässerrand, getötet und Kopf an Fuß zu Haufen aufgetürmt, ihre Schiffe, ihr Besitz wie ins Wasser geworfen. Ich ließ die Länder zurückscheuen davor, an Ägypten zu denken; wenn sie in ihrem Land meinen Namen nennen, so brannte es sie. Seit ich auf dem Thron Harachtes sitze, befindet sich das Schlangendiadem fest an meinem Haupt, wie bei Re. Ich ließ nicht zu, dass die Barbaren die Grenze Ägyptens erblickten, um sich dessen zu rühmen gegenüber den Neun-Bogen-Völkern. Ich habe ihr Land weggenommen und ihre Grenze ist der meinigen hinzugefügt. Ihre Häuptlinge und ihre Sippen gehören mir in Lobpreis. – Ramses III., *Inschrift in Medinet Habu.*

Dieses Flachrelief vom Totentempel Ramses III. in Medinet Habu zeigt die vom Pharao besiegten Seevölker.

Darstellung Ramses III. auf seinem Totentempel in Medinet Habu nahe Luxor in Ägypten

Anführer, die sich nicht lobpreisend vor Ramses niederwarfen, wurden hingerichtet; an Anführern jedes einzelnen in den Angriff verwickelten Landes wurde ein Exempel statuiert. Fußsoldaten und ihre Familien wurden geschont, viele von ihnen erhielten Land an den Grenzen Ägyptens – Barbarenansiedlungen zur Abwehr ähnlicher Angriffe von anderen Barbaren.

Ramses' Schlacht gegen die Seevölker findet zur gleichen Zeit statt wie die zerstörerischen Angriffe auf Mykene und dann Kleinasien und Syrien. Zwischen 1200 und 1180 fielen weitere Orte den Seevölkern zum Opfer: der Palast von Mersin und die Stadt Tarsos in Kode (in Kilikien in der Südtürkei); das Königreich Arzawa (Türkei); die Stadt Karchemisch in Syrien und das Königreich Alaschia auf Zypern.

Tontafeln von König Ammurapi III. von Ugarit in Syrien schildern ähnliche Angriffe in dramatischen Details. Diese verzweifelten Teile eines Briefwechsels berichten von einem überwältigenden Angriff von „sieben Schiffen". Dass eine ganze Stadt von einer scheinbar so kleinen Zahl überrannt werden konnte, weist auf die Brüchigkeit der Kulturen der späten Bronzezeit hin. Ein zeitlich gut angesetzter Angriff konnte ein ganzes Königreich ausradieren.

Ammurapis Tafeln liefern ein wichtiges Bild von größerer Unruhe in der Region als jene, die die Seevölker auslösten. Die Tafeln zeigen, dass Ammurapi auch Getreide nach Kilikien in Südanatolien geschickt hatte, nachdem die Stadt unter Missernten und nachfolgender Hungersnot litt. Die Hilfeleistung hatte einige Jahrzehnte angehalten; auch Pharao Merenptah hatte den Hethitern Weizen geliefert, „um das Land Hatti am Leben zu erhalten".

Moderne Klimaforscher zeigten, dass in Anatolien und der Ägäis damals anhaltende großflächige Trockenheit herrschte – Hatti und Mykene litten beide darunter. Der griechische Historiker Herodot spricht von Pest, Seuchen und Hungersnot in Kreta nach dem Trojanischen Krieg, wodurch die Insel so gut wie unbewohnbar wurde.

Die Bevölkerung ging daraufhin in Messenien und Zentralkleinasien zurück. All das spricht für eine große Wanderung von Menschen, die, angetrieben von Trockenheit, Hungersnot, Krankheiten und Gewalt, nach neuen Siedlungsmöglichkeiten suchten. Die Seevölker oder andere Gruppen plündernder Barbaren – zu denen vielleicht auch die Thraker, Dorer, Luwier und sogar Mykener gehörten – profitierten fraglos von diesen geschwächten internationalen Strukturen und griffen immer stärker verwundbare Stadtstaaten an.

Das Ende der großen Supermächte des Nahen Ostens und Mittelmeerraumes, die die anderen großen Kulturen stolz als „Bruder" titulierten, war verzweifelt und schrecklich. Hattuša, die große Hauptstadt der Hethiter, die das mächtige Ägypten herausgefordert und ihre diplomatische Korrespondenz sorgsam auf tausenden Keilschrifttafeln aufbewahrt hatte, wurde um 1200 v. Chr. völlig zerstört. Vor dem Fall der Stadt kam es zu den vertrauten Mustern von Verteidigungsanlagen wie in mykenischen Palästen: zum Bau von enormen Zyklopenmauern und außen liegenden Forts; hektische Korrespondenz verlangte nach Kriegern und Informationen.

Ammurapis Tontafeln

Wie die Linear-B-Tafeln in Pylos lagen die Tafeln Ammurapis III., des letzten Königs von Ugarit im Nordwesten des heutigen Syrien, unverschickt in den Brennöfen der Stadt. Gebrannt wurden sie von dem Feuer, das seine Stadt dem Boden gleichmachte. Ammurapis letzte Korrespondenz auf den Tafeln lautet:

Mein Vater, König von Alaschia, siehe, die feindlichen Schiffe kamen her, meine Städte wurden verbrannt und sie taten meinem Land Böses. Weiß mein Vater nicht, dass all meine Truppen und Streitwagen im Hethiterland und meine Schiffe in Lykien sind? … Mein Vater möge wissen: Die sieben Schiffe des Feindes, die herkamen, brachten uns viel Schaden, als dein Diener mir dein Wort brachte … Der Feind rückt vor und ist ohne Zahl. Was verfügbar ist, such es und schick es mir, und siehe, die Feinde bedrängen mich, doch ich werde nicht meine Frau und Kinder verlassen … vor dem Feind, und wenn die Hethiter fallen, werde ich dir eine Nachricht senden, und wenn sie nicht fallen, werde ich sicher eine Nachricht senden … Unsere Nahrung in den Dreschböden ist geplündert, und auch die Weingärten sind zerstört. Unsere Stadt ist zerstört, und magst du es wissen. – Ammurapi, Ugarit-Tafeln.

Das phönikische Alphabet auf einer Terrakottatafel aus dem 14. Jahrhundert v. Chr.

Suppiluliuma II., der letzte bekannte König von Hatti, befahl zweifellos den Bau von Verteidigungsmauern, doch diese waren vergebens. Als das Ende kam, war es schnell und brutal. Das Feuer, das die Hauptstadt der Hethiter verschlang, zerstörte den Palast, die königliche Burg, die Tempel der oberen und unteren Stadt und die tiefer gelegenen Häuser.

Doch gab es wahrscheinlich gar kein letztes Gefecht in Hattuša; archäologische Funde zeigen, dass die Stadt verlassen war, als sie ausgelöscht wurde. Vielleicht hatte Suppiluliuma einige eilige Nachrichten aus den fallenden Städten des mykenischen Reichs gelesen und eine Evakuierung seiner Hauptstadt angeordnet. Trifft das zu, so wurde der König eines der größten Reiche der Bronzezeit wie Aeneas Anführer eines vertriebenen, staatenlosen Volkes.

Das Jahr Null in Griechenland

Das dunkle Zeitalter warf Griechenland zurück ins Jahr Null: Die Bevölkerung schwand, Städte wurden zu Dörfern, die Welt schrumpfte und bestand aus einzelnen Inseln. Erst Jahrhunderte später zeigte sich im Dunkeln wieder Kultur; es entstanden die neuen Stadtstaaten Griechenlands und später der Aufstieg des Makedonischen und des Römischen Reiches. Ab dem zehnten Jahrhundert v. Chr. wurde Griechenland in aller Stille wieder lebendig und die Phöniker halfen dabei.

Siedlungen auf Kreta und Rhodos begannen mit Keramik und Schmuck zu handeln. Allmählich bauten sie Handelsnetze von Syrien im Osten bis Italien im Westen auf. Wohlstand folgte und ebenso Bevölkerungszuwachs. Im 8. Jahrhundert, also etwa zur Zeit Homers, begann in Griechenland die archaische Zeit, die Periode zwischen dem dunklen Zeitalter

THERSITES, DER „HÄSSLICHSTE MANN VOR ILIOS“, WIRD BEI HOMER ALS DIE GROTESKE SEITE DES UNZUFRIEDENEN MYKENISCHEN PROLETARIATS GEZEICHNET.

und der Klassik des 5. Jahrhunderts v. Chr. In dieser Zeit zogen viele Menschen aus den landwirtschaftlich geprägten Gemeinden des dunklen Zeitalters in Städte – die *poleis*.

Das archaische Griechenland legte in wirtschaftlicher, kultureller und politischer Hinsicht die Grundsteine für die Klassik. Das griechische Alphabet wurde nun entwickelt und diente zum Festhalten von Homers *Ilias*. Archaik und die *Ilias* boten den Griechen Gelegenheit nachzudenken, in was für einer Gesellschaft sie leben wollten. Troja galt stets als der geordnete, zivilisierte Stadtstaat und Kontrast zu den barbarischen mykenischen Griechen, die sich ständig wegen Beute und Führerschaft stritten. In vieler Hinsicht bildete Homers Bild der Mykener ein böses Omen und zugleich eine Warnung vor bevorstehendem Ärger im klassischen Griechenland.

Den Griechen gab es die Chance, die Fehler der Mykener zu vermeiden, deren Gesellschaft unter der Führung von Adel und Königen stets auf Nachschub an Reichtum für den Erhalt ihres feudalen Lebensstils angewiesen war. In der *Ilias* stellt Thersites, ein Fußsoldat, die undemokratische Herrschaft der Könige infrage, als die Heeresversammlung debattiert, ob sie bleiben oder heimfahren sollen.

Die Ruinen von Hattuša, der Hauptstadt des Hethiterreichs

Homer schildert Thersites als die groteske Seite des unzufriedenen mykenischen Proletariats. „Der hässlichste Mann vor Ilios war er gekommen: Schielend war er, und lahm am anderen Fuß; und die Schultern höckerig, gegen die Brust ihm geengt; und oben erhub sich spitz sein Haupt, auf der Scheitel mit dünnlicher Wolle besäet." Doch trotz seiner unattraktiven Erscheinung hat der einfache Bürger Thersites den Mut, seine kreischende Stimme gegen die Anführer zu erheben, statt ihre Entscheidung einfach hinzunehmen.

[Agamemnon], was klagst du denn nun, und wessen bedarfst du? Voll sind dir von Erz die Gezelt', und viele der Weiber sind in deinen Gezelten, erlesene, die wir Achaier immer

Fragment eines griechischen Manuskripts der Ilias, auf Pergament geschrieben, aus dem 5. Jahrhundert v. Chr.

zuerst dir schenken, vom Raub eroberter Städte. Mangelt dir auch noch Gold, das ein rossebezähmender Troer her aus Ilios bringe, zum Lösungswerte des Sohnes, welchen ich selbst in Banden geführt, auch sonst ein Achaier? […] Traun, wenig geziemt sich's, Führer zu sein, und in Jammer Achaias Söhne zu leiten! Weichlinge, zag' und verworfen, Achai'rinnen, nicht mehr Achaier! Lasst doch heim in den Schiffen uns gehn … – Homer, *Ilias*, Buch II.

Odysseus pfeift Thersites scharf zurück und schlägt ihn mit dem Zepter blutig. Diese Schlüsselszene wird leicht übersehen: Sie zeigt ein künftiges Problem von Griechenland und Rom, den Konflikt zwischen der Herrschaft eines Kraftmenschen und einer demokratischeren Regierungsform. Homers Epos zeigte die Macht und Roheit des heroischen Zeitalters, aber auch was geschah, wenn das Schicksal des einfachen Mannes in der Hand von Tyrannen lag.

Die Bauerngemeinschaften, die die Bevölkerung Griechenlands im dunklen Zeitalter am Leben gehalten hatten, splitterten nun ab und ein Exodus in die neuen urbanen Zentren der *poleis* begann.

Theseus, der mythische Held, der den Minotaurus tötete, über seinem besiegten Gegner

Das Stammesleben wich einer komplexeren Gesellschaft; Gemeinschaftsdörfer wurden für die Aussicht auf persönlichen Aufstieg und privaten Besitz verlassen. Als Aristoteles sagte, „der Mensch ist ein politisches Wesen", meinte er, „der Mensch ist ein *polis*-bewohnendes Wesen".

Die Polis

Mit dem Aufstieg der *polis* als politisches Zentrum rückte das uralte Problem der Beziehung zwischen der Elite, *hoi oligoi*, und den vielen, *hoi polloi*, scharf ins Blickfeld. Oft wurde eine *polis* von einem charismatischen Anführer gegründet, der benachbarte Rivalen fernhalten konnte. Es ist kein Wunder, dass Athen den mythischen Helden und Töter des Minotaurus, Theseus, als Gründungskönig wählte.

Wie die mykenischen Stadtstaaten vor ihnen waren griechische *poleis* an luftigen, strategisch günstigen Positionen angelegt, die das umliegende Ackerland beherrschten. Jede *polis* besaß am höchsten Punkt der Siedlung eine befestigte Burg und zwischen 1000 und, im Fall größerer *poleis* wie Athen, Sparta, Korinth und Argos, 10 000 Einwohner.

Dem Philosophen Aristoteles zufolge verkörperte die *polis* die höchste Form der Gemeinschaft, da das öffentliche Leben weitaus tugendhafter als das private Leben des Bauern oder Dorfbewohners war. In seiner *Politiká* oder „die politischen Dinge"

Hesiods Klagelied

Hesiod war nach Homer der größte Dichter der archaischen Zeit und ein offener Kommentator der gesellschaftlichen Veränderungen während der Eisenzeit. Hesiods *Werke und Tage* sind ein Loblied auf das Landleben; er besingt die Wichtigkeit harter Arbeit auf den Feldern und die Korruption, die den Griechen in ihr neues Stadtleben folgen wird. Er betrauert den Wechsel der Zeit und droht all jenen, die sich nur mit Frevelhaftigkeiten und gottlosen Taten befassen, göttliche Bestrafung durch Zeus an. Korrupte Menschen, die sich nur mit Macht und der Anhäufung von Reichtum befassen, werden die Ehrlichen und Guten ersetzen, fährt Hesiod fort, „jetzt hauset ein eisern Geschlecht". Hesiod verwendet die Parabel vom Falken und der Nachtigall, um seine Warnungen vor den Gefahren des Lebens in der *polis* zu unterstreichen:

Jetzt will Herrschern, die klug sich's deuten, ich bringen ein Märlein. So zur Nachtigall, der melodischen, sagte der Habicht, als mit den Krallen sie fassend, er hoch in den Wolken dahinzog; diese jedoch wehklagte, zerfleischt von den Krallen, den krummen, jämmerlich – jener nun sprach zu ihr die gebietende Rede: „Törin! Wozu das Geschrei? Du bist in des Stärkeren Macht jetzt; bist du die Sängerin auch, du gehst, wohin ich dich bringe; je nach Belieben erwähl' ich zum Schmaus dich oder entlass dich. Tor ist, wer sich erkühnt, mit dem Stärkeren je sich zu messen; nie kann Sieg er gewinnen und trägt zur Schande noch Unglück." Also eilenden Fluges der schwingenentbreitende Habicht. – Hesiod, *Werke und Tage.*

befand Aristoteles, dass ein Bürger der *polis* „jedermann sei, der am Regierungsprozess der Stadt teilnehmen kann". Die meisten Menschen, fügte er hinzu, sind zu dieser Rolle befähigt. Die *polis* war natürlich nicht nur ein Platz der modernen Zeit zum Handeltreiben, Geschäftemachen und für ein Miteinander, sondern auch, um ein Politiker zu werden.

Während die großen Philosophen des klassischen Griechenland die Freiheit des Menschen und die Rolle von Herrschern und Regierungen erörterten, gab es wenig Einigkeit darin, wie dies in der Praxis in der archaischen Zeit funktionieren sollte. Bis zum achten Jahrhundert v. Chr. hatten die meisten *poleis* Könige als Herrscher aufgegeben und stattdessen eine andere Form von Regierung angenommen. Oft wurden diese Regierungen von Oligarchen geleitet – reiche Eliten, die die einzelnen politischen Ämter übernommen hatten, die zuvor nur eine Person innehatte, der König.

Während die Oligarchen der *poleis* dazu neigten, Machtpositionen zu monopolisieren, hatten Angehörige der niederen Klassen Möglichkeiten zum Aufstieg. Oligarchen mussten Machtpositionen abgeben oder hatten mit einem Aufstand zu rechnen. In Argos schlug 370 v. Chr. eine Menge unzufriedener Bürger ihre aristokratischen Herrscher tot und wurde dann selbst zu demokratischen Anführern – das Volk hatte eine Stimme und würde im Gegensatz zu seinen mykenischen Vorfahren nicht die Herrschaft allmächtiger Könige erdulden.

Bronzehelm aus der klassischen Zeit

Die Einführung der Hopliten

Die Einführung von Eisenwaffen und neue Kampftechniken stärkten das Ideal der Gleichheit in allen *poleis*. Im Mittelpunkt stand der Hoplit, wörtlich ein Bürgersoldat, der neben seinen Kameraden in einer dichten Fomation kämpfen würde, der Phalanx. Mit überlappenden Schilden würde eine Phalanx vorsichtig als Einheit vorrücken, die Gegner erdrücken und die Speere durch die schmalen Lücken in der Schildmauer schleudern. Diese Taktik war unglaublich effektiv. Sie wurde schnell von allen griechischen Stadtstaaten übernommen und später von der römischen Armee imitiert.

Hopliten waren ganz anders als die aristokratischen herrischen Kriegerhelden wie Achill, obgleich Achill natürlich ihr Vorbild an Tapferkeit blieb. Ein Stadtstaat mit einem Hoplitenheer musste kein

Illustration eines Hopliten aus dem Peloponnesischen Krieg

stehendes Heer finanzieren oder Söldner für Kriege gegen benachbarte Stadtstaaten anheuern. Hopliten entwickelten eine starke Treue gegenüber ihrer *polis,* einem Ort mit seiner eigenen Identität, die auch ihre Mitglieder prägte; für seine *polis* zu sterben, wurde eine Frage der Pflicht.

Der Aufstieg des Hopliten ebnete zugleich das soziale Spielfeld in Griechenland ein, wie Aristoteles selbst anmerkte: „Die kämpfende Klasse hat die Macht.“ Alexander der Große und Julius Caesar sollten später große Verfechter dieser einfachen Philosophie werden.

Der Stadtstaat

Bis zur klassischen Zeit waren griechische Stadtstaaten sehr individuell geworden. Oft definierte sich ein Stadtstaat durch das, was er nicht war: Athen war nicht Sparta. Auch politisch gingen sie eigene Wege: Sparta wurde von zwei Königen, einem Ältestenrat und einer Volksversammlung regiert, die nur selten eine Einigung fand. Athen erfand die Herrschaft der Mehrheit der Männer, eine Vorform der Demokratie. Sparta war stolz auf seine Strenge und die Abhärtung seiner Bewohner. Schwache Jungen wurden nach der Geburt getötet und die anderen mit sieben Jahren ins Training geschickt. Athen pflegte eine große Tradition von Philosophie, Kunst und Literatur; viele Bürger wurden durch Handel und Privatbetriebe reich.

Platon schrieb, dass griechische Stadtstaaten einander eher bekriegen als ein friedliches Zusammenleben anstreben würden. Denn „Frieden“ im herkömmlichen Sinne sei nicht mehr als ein Wort; die Wahrheit sei, dass sich jeder Staat aufgrund eines Naturgesetzes ständig im Krieg mit jedem anderen Staat befindet. Für einen Stadtstaat wie Athen war Sparta nur ein Rivale; es gab wenige Gründe für Freundschaft. Doch einmal sorgte die Bedrohung durch einen Feind von außen doch für einen Zusammenschluss der Griechen:

Karte des Perserreichs im 4. Jahrhundert v. Chr., kurz vor der Eroberung durch Alexander den Großen

Bis Griechenland aus dem dunklen Zeitalter aufstieg, waren im Osten Reiche gekommen und gegangen. Den Hethitern folgten Assyrer, Babylonier und Meder, doch alle wurden von den Persern in den Schatten gestellt. 500 v. Chr. dehnte sich das Perserreich über fast 15 Millionen Quadratkilometer und drei Kontinente aus und war das größte Reich der Welt. Es war nur eine Frage der Zeit, wann es seine griechischen Nachbarn anpeilen würde.

Die Geschichte des heldenhaften Krieges der Griechen gegen die Perser unter so berühmten Königen wie Dareios und Xerxes begann 499 v. Chr. Die Griechen schlossen sich zum ersten und einzigen Mal in ihrer antiken Geschichte gegen einen Gegner zusammen. Die Schlachten dieser Zeit sind berühmt: dreihundert Spartaner an den Thermopylen, die Seeschlacht bei Salamis, die Einnahme von Athen. Am Ende siegten die Griechen gegen die Perser. Ihre Einheit jedoch zerfiel wieder.

Philhellenen, Liebhaber alles Griechischen, staunen oft über die Unfähigkeit der klassischen Griechen, nach dem Sieg über die Perser eine politische und wirtschaftliche Einheit zu bilden. Der Attische Seebund, entstanden als Allianz gegen die Perser, sollte nun ihr Verderben werden. Die Mitglieder hatten vereinbart, regelmäßig Gelder an Athen in eine Kriegskasse zum Schutz gegen Angriffe von außen zu zahlen. Doch das sorgte nur für Feindseligkeiten nach innen, als Athen zunehmend reich und mächtig wurde.

Athen warf sich zur Polizei Griechenlands auf und platzierte neue Kolonien und Garnisonen strategisch rings in den griechischen Inseln. Gewalt wurde angewendet, wenn Mitglieder der Liga aus der Reihe tanzten. Sparta fühlte sich durch den aufsteigenden Stern Athens bedroht und wurde paranoid bezüglich seiner eigenen Sicherheit. Ein größerer Konflikt zwischen den Stadtstaaten, der Peloponnesische Krieg, wurde unvermeidbar.

Dieser Krieg sollte über sechzig Jahre dauern und jeden griechichen Stadtstaat in Mitleidenschaft ziehen und fast zerstören. Er beendete Griechenlands Goldenes Zeitalter und die großen politischen Experimente seiner einzelnen Mitglieder. Nach dieser Zerstörung marschierte ein Makedone ein, um Griechenland zu einen und in ein Reich zu verwandeln. Die Welt kennt ihn als Alexander den Großen.

Alexander sah sich selbst als den großen Achill aus Homers *Ilias*. Ihm gelang die Einigung und Ausweitung Griechenlands zu einem militärischen Reich.

Platon, Schüler von Sokrates und Lehrer von Aristoteles, war der führende klassische griechische Philosoph.

In der Schlacht bei Salamis 480 v. Chr. traf die großartige griechische Flotte in einer Meerenge auf jene der Perser. Der Sieg der Griechen macht sie zur ältesten bekannten Seeschlacht der Geschichte.

Alexander der Große besucht das angebliche Grab des Achill.

Aeneas und Rom

Die Römer anerkannten stets die Überlegenheit griechischer Kunst, Literatur und Philosophie, doch in anderer Hinsicht betrachteten sie sich als den Griechen überlegen. Hingabe an das römische Volk war ein Kern des römischen Ideals der *pietas*, des Pflichtbewusstseins gegenüber Familie, Heimat und den Göttern.

Die Verkörperung der *pietas* war Aeneas, bei Vergil der Gründer Roms. In der *Aeneis* kommt das Epitheton „der fromme Aeneas" zwanzigmal vor. Aeneas ist seinem Volk äußerst ergeben, schwört, den Kampf für die Seinen nach der Zerstörung Trojas wieder aufzunehmen oder „diesen Tag ungerächt" zu sterben. Vergil zeichnet Aeneas als Helden der Disziplin und patriotischer Hingabe. Er war ein Anführer, der Rom zur Größe führte – Gründer einer Stadt, die die Welt regieren sollte. Vergils Epos bildete zugleich einen ideologischen Freibrief für das Römische Reich unter seinem Patron Augustus.

Vergils *Aeneis* verwendet das Thema Troja und spielt ständig darauf an, bis hin zu genauen Homerzitaten, doch zu einem zutiefst römischen Zweck. Diesem Zweck passte es ideal, dass Aeneas, der Gründer

Roms, der Überlebende des griechischen Holocausts in Troja war. Die Römer neigten dazu, die Trojaner als zivilisierten Gegenpol gegen die barbarischen Mykener zu betrachten. Es ist unklar, wann genau dies ein Thema in Rom wurde, doch 280 v. Chr. wurde das Gefühl stark, als Pyrrhos von Epirus – ein Großcousin Alexanders des Großen, der sich auf Achill zurückführte – in Italien einfiel und Rom als zweites Troja auf der Warteliste bezeichnete.

Auf ein Hilfegesuch der griechischen Stadt Tarent gegen das expandierende Rom reagierte Pyrrhos mit einem panhellenischen Kreuzzug. Ptolemaios II. steuerte Truppen und 50 Kriegselefanten bei. Pyrrhos war ein geschickter General; Hannibal, der karthagische General, der Rom ebenfalls mit Kriegselefanten angriff, schätzte ihn als den fähigsten Feldherrn der Zeit nach Alexander.

Pyrrhos forderte rasch die Macht Roms heraus und gewann mehrere Schlachten auf italienischem Boden. Doch die Römer schlugen tapfer zurück, und Pyrrhos musste trotz seiner Siege schwere Verluste hinnehmen. Nachdem er 279 v. Chr. in der Schlacht von Asculum 3500 seiner Kerntruppen gegen 6000 römische Legionäre verloren hatte, kommentierte er Plutarch zufolge: „Sind wir noch einmal siegreich gegen die Römer, sind wir verloren!" So entstand die Metapher vom Pyrrhossieg.

Pyrrhos' Sieg bei der Schlacht von Asculum 279 v. Chr. kostete ihn 3500 Mann seiner besten Truppen.

Alexander und Achill

Als Sohn König Philipps II. von Makedonien wuchs Alexander in einer Gegend auf, die die Griechen den barbarischen, rückständigen griechischen Norden nannten, fern der kultivierten modernen Zentren Athen, Sparta und Korinth. Für einen griechischen Stadtbewohner klassischer Zeit wäre ein Besuch in Makedonien wie eine Zeitreise in die Welt der *Ilias*. Die Makedonen hatten zwar Literatur und Traditionen Griechenlands übernommen, nicht aber ihre Politik. Makedonien war eine ständische Gesellschaft, von Autokraten beherrscht; die Bewohner waren exzellente Reiter, Jäger und Krieger, wie die Mykener es waren. Es kann nicht verwundern, dass die Figur des Achill Alexander sehr faszinierte. Alexanders Liebe zur *Ilias* war so groß, dass sein berühmter Lehrer Aristoteles eine Kopie des Epos besorgte, die er unter seinem Kissen aufbewahrte.

Alexander und sein geliebter Hephaistion

Die *Ilias* diente dem jungen Alexander, der mit 32 starb, nachdem er ins Perserreich eingefallen und einen breiten Landstrich von der Türkei bis in den Irak erobert hatte, als persönlicher Leitfaden. Als er an den Dardanellen sein Schiff verließ, sorgte Alexander dafür, dass er der Erste war, der einen Speer in kleinasiatischen Boden steckte, wie es der Grieche Protesilaos vor Troja getan hatte. Danach unternahm er einen Abstecher nach Troja und besuchte das Grab des Achill:

Zu Troja opferte er der Minerva und den dasigen Heroen … Dabei pries er den Achilles besonders deswegen glücklich, dass er in seinem Leben einen treuen Freund, und nach seinem Tode einen großen Herold seiner Taten gehabt.
Plutarch, *Biographien.*

Der Freund, den Plutarch erwähnt, war natürlich Patroklos, und viele glauben, dass Alexander mit seinem ständigen Begleiter Hephaistion eine ganz ähnliche Beziehung verband. Alexander erholte sich nie mehr von Hephaistions Tod und starb bald nach ihm im Jahr 323 v. Chr.

Schließlich verließ Pyrrhos Italien und engagierte sich in Sizilien, das einen starken Heerführer suchte, der den karthagischen Einmarsch in Westsizilien vereiteln konnte. Doch als er die sizilianischen Städte mit Garnisonen besetzte, verärgerte er die Sizilianer so sehr, dass sie selbstständig mit den Karthagern Frieden schlossen. Pyrrhos hatte keine andere Wahl, als nach Epiros zurückzukehren.

279 v. Chr wussten die republikanischen Römer noch nichts von Hannibal, doch gut sechzig Jahre später kam der gefährlichste aller Karthager über die Alpen und brachte Rom an den Rand des Untergangs. Wie Pyrrhos vor ihm sollte Hannibal besiegt werden, doch die Römer vergaßen die Bedrohung durch Karthago nie.

Karthago wurde der größte Feind der römischen Republik, gleichermaßen von Patriziern und Plebejern gehasst. Der Senator und Redner Cato beendete jede seiner Reden mit *„ceterum censeo Carthaginem esse delendam*" („im Übrigen meine ich, Karthago muss zerstört werden"). 146 v. Chr. war es so weit: Voll Zorn und Rache machte Rom Karthago dem Boden gleich. Im gleichen Jahr eroberte es den griechischen Stadtstaat Korinth. Das Mittelmeer wurde damit zum *mare nostrum* („unser Meer") der neuen Supermacht Rom.

Der Schrecken von Hannibal und Karthago war den Römern noch frisch in Erinnerung, als in augusteischer Zeit Vergils *Aeneis* entstand. Viele Leser dachten sofort an Hannibal, als Königin Dido unermesslichen Streit zwischen ihrem Reich und dem des Aeneas versprach und nach jemandem rief, der sie rächen solle, nachdem der Trojaner sie ablehnt. Der Bezug ist einer von vielen, der Aeneas mit der Geschichte Roms – und vor allem Augustus selbst – verband, der nach Jahrzehnten des Bürgerkriegs unter rivalisierenden Generälen für die *Pax Romana* sorgte.

Vergil las Augustus und seiner Schwester Octavia aus der *Aeneis* vor, während er sie schrieb; 19 v. Chr. wollte er nach Griechenland fahren, um sein Epos zu beenden, starb aber, bevor er das Werk zu seiner Zufriedenheit ausgefeilt hatte. Vergils Testament verfügte, das Manuskript solle zerstört werden, falls er stürbe, bevor es erschienen sei. Doch dieser Wunsch wurde von Augustus missachtet, der das Werk für zu wichtig für das römische kulturelle Erbe hielt – und vor allem für sein eigenes.

Unter Verwendung der Charaktere von Homer wurde die *Aeneis* zur Verbindung von *Ilias* und *Odyssee*. Aeneas ist vom Schicksal auserkoren, die Siedlung am Tiber zu errichten, die später Rom werden sollte. Er war

Marmorbüste eines Feldherrn, vielleicht Pyrrhos von Epirus, ein angeblicher Nachkomme Achills

Pyrrhos mitten in der Schlacht von Benevent 275 v. Chr.. Die römischen Legionäre unter dem Konsul Manius Curius Dentatus waren siegreich.

angeblich über ihre Mutter Rhea Silvia ein leiblicher Vorfahre von Romulus und Remus und machte so das römische Volk zu direkten Nachfahren der Trojaner.

Die Tugenden, mit denen Vergil Aeneas, den Gründer Roms, zeichnete, sind die gleichen, die er auch in Roms Neugründer Augustus fördern wollte – damals Roms größte Hoffnung auf die Wiederherstellung von Frieden und Ordnung. Aeneas' *pietas* konnte als Spiegel oder als Anleitung für Augustus gelten. Natürlich gibt es Stellen, an denen der Dichter den *princeps civitatis* oder „ersten Bürger des Staates", wie Augustus sich selbst bezeichnete, direkt anspricht. Eine davon ist der Besuch von Aeneas bei seinem Vater Anchises in der Unterwelt.

Hier enthüllt Anchises Aeneas' Schicksal als Gründer Roms und warnt vor den guten und schlechten Führern, die ihm folgen werden. In einer Rede, die sich direkt an Augustus selbst wenden mag, erinnert Anchises seinen Sohn Aeneas an die Wichtigkeit von *pietas* für das neue

DIE TUGENDEN, MIT DENEN VERGIL AENEAS, DEN GRÜNDER ROMS, ZEICHNETE, SIND DIE GLEICHEN, DIE ER AUCH BEI ROMS NEUGRÜNDER AUGUSTUS FÖRDERN WOLLTE.

Volk von Rom: „Du sollst, Römer, beherrschen des Erdreichs Völker mit Obmacht (dies sei'n Künste für dich), und Zucht anordnen des Friedens, mild dem Ergebenen sein und niederducken den Trotzer."

Ruhm der Römer

Anchises beschreibt den großen Ruhm, den Augustus Rom bringen werde: „Dort der Mann, dort ist er, den oft dir verheißen du hörest, Cäsar Augustus, der Sohn des Vergötterten, welcher des Goldes Tage verjüngt ausbreitet in Latium durch die Gefilde, einst von Saturnus beherrscht."

Augustus beendete den Bürgerkrieg zwischen den Caesar-Mördern und seinen Anhängern, zu denen er selbst gehörte. Anchises warnt vor der Gefahr einer Wiederkehr des Krieges. Niemand solle sein Herz an so enorme Kriege gewöhnen, wie sie ein Krieg gegen das Herz der Heimat darstelle. Stattdessen solle Augustus in Rom als Schirmherr des Friedens herrschen. Augustus' Pax Romana war nach Jahrzehnten des römischen Bürgerkriegs mehr als willkommen. Der brutale Machtkampf zwischen Caesar und Pompeius war nur ein Teil davon. Einige römische Politiker wie Cicero hatten eine Rückkehr zu den Tugenden der Republik und eine demokratischere Herrschaft unter

Der römische Dichter Vergil trägt Augustus, seiner Schwester Octavia und seiner Frau Livia die neuesten Kapitel der Aeneis vor.

dem Senat erhofft. Doch Caesars Gegnern gelang es nur, Roms erfolgreichsten Machthaber im Senatsgebäude zu ermorden.

In Rom hatte nur selten die Tugend, die *virtus*, regiert, und die Ermordung Caesars machte ihre Wiederkehr noch unwahrscheinlicher. Das Rad der Gewalt drehte sich stattdessen immer schneller. Caesars Mörder hatten der Republik durch die Ermordung des Diktators den Todesstoß versetzt. Sein Erbe Augustus, der Sieger in den nun folgenden Kriegen, brachte nur eine vorübergehende Phase des Friedens.

Die Herrscher, die auf Augustus folgten, machten „Römischer Kaiser" zum Inbegriff von Dekadenz, Verderbtheit, Größenwahn und Verrücktheit. Tiberius, Caligula und Nero erwiesen sich als Antithese zu Aeneas: Der Trojaner hatte seine *pietas* als Sohn gezeigt, indem er seinen Vater auf dem Rücken aus der brennenden Stadt trug. Nero ließ seine Mutter Agrippina ermorden.

Am Ende sollte Rom wie zuvor Troja Barbaren zum Opfer fallen. Das Reich hatte nicht gemäß den Tugenden gelebt, die sein Gründervater Aeneas gepredigt hatte,

sondern wurde aufgebläht, korrupt und schließlich nicht beherrschbar. Doch für einige Augenblicke in der Zeit des Augustus betet der Idealist Vergil, Rom möge dem Versprechen einer tugendhaften Zukunft gemäß leben, wie sie Aeneas anbot:

Heimische Mächte der Väter, und Romulus, Vesta du Mutter, welche den tuskischen Tiber und Roms Palatium schirmet, lasst ihn doch der zerrütteten Welt Heil bringen, den Jüngling. Wehret ihm nicht: Schon haben wir längst mit unserem Blute abgebüßt Meineide der laodemontischen Troja. Schon vorlängst missgönnet dich uns, o Cäsar, des Himmels Königsburg, unwillig, dass Menschentriumph du noch achtest; hier, wo Recht sich verkehret und Unrecht, Krieg durch den Erdkreis tobt, und des Greuls vielfache Gestalt, wo die Ehre des Pfluges hinschwand, öde das Feld die entführeten Pfleger betrauert, und zum starren den Schwert umschmilzt die gebogene Sichel. Dorther droht Euphrates und dort Germania Kriegswut; Nachbarstädte zerrütten den Bund miteinander und tragen feindliche Wehr; rings wütet der frevelnde Mars durch den Erdkreis.
– Vergil, *Georgica*

Jean-Leon Geromes Gemälde zeigt die triumphierenden Mörder Caesars im Senat, im Vordergrund liegt Caesars Leichnam.

Das Nachleben Trojas

Rom wurde im 5. Jahrhundert n. Chr. von den Westgoten eingenommen, doch der Mythos Troja lebte auch weiter, als sich das Zentrum seiner Macht von Rom in die Osthälfte des Reiches nach Konstantinopel verlagert hatte. Konstantin der Große, der erste christliche Kaiser, wollte angeblich seine neue Hauptstadt in Troja bauen, ließ sich aber davon abbringen, auch weil der Hafen der ehemaligen Metropole an den Dardanellen inzwischen verlandet war.

Nicht nur die Römer erklärten sich zu Nachfahren der Trojaner. Viele westliche Nationen haben Troja in ihren Gründungsmythen, selbst die Goten. In seiner *Geschichte der Goten* schreibt Kassiodor 551, der Ostgote Theoderich und jetzige König Italiens behaupte, er habe trojanisches Blut, um seine Herrschaft über das alte römische Kernland zu legitimieren.

Die Franken erklärten, ihr mythischer Gründer sei Francio der Trojaner – und Francio galt als Abwandlung von Astyanax, dem Sohn Hektors. Und glaubt man den Isländersagas, hatten auch die Wikinger trojanisches Blut. Dem Sagaautor Snorri Sturluson zufolge hatte der trojanische Krieger Menon mit einer Tochter des Priamos ein Kind namens Tror. Diesen Tror, so Snorri, „nennen wir Thor", den nordischen Gott.

In Britannien, dem Land, das von den Wikingern geplündert und erobert wurde, setzte sich die trojanische Linie fort. Die *Historia Brittonum*, das Werk des Waliser Mönchs Nennius aus dem 10. Jahrhundert, beschrieb, wie Britannien von Flüchtlingen aus Troja besiedelt wurde. Das Land habe sogar den Namen Britannien von Brutus übernommen, einem Verwandten des Aeneas. Die Geschichte erhielt breitere Wirkung, als sie im 12. Jahrhundert der Kleriker Geoffrey of Monmouth nacherzählte.

GEGENÜBER: *Nero vor seiner toten Mutter; nach mehreren gescheiterten Versuchen war es ihm endlich gelungen, sie zu ermorden.*

Diese Darstellung des Falls von Rom zeigt die Reste der eroberten Stadt.

Monmouths *Historia regum Britanniae* schmückte die Geschichte von Brutus dem Trojaner, dem Gründer Britanniens, noch aus: Er sei aus Italien verbannt worden, nachdem er seine Eltern getötet hatte, und brach dann auf zu neuen Ufern. Unterwegs rettet er eine Gruppe Trojaner aus griechischer Gefangenschaft, bevor er auf trojanische Flüchtlinge stößt, die der Krieger Corineus anführte.

Nach Kämpfen in Gallien segeln Brutus und Corineus nach Albion, wo sie Riesen besiegen und Corineus Herrscher Cornwalls wird. Brutus reist ostwärts und gründet an der Themse eine Stadt, die er Troja Nova nennt. Mit der Zeit wird daraus Trinovantum und später London. Brutus tauft Albion nach sich selbst in Britannia um.

Geoffrey of Monmouths Werk war historische Fantasie, aber die Tudorkönige sahen es als Beweis für ihr trojanisches Erbe an. So hoch war das Prestige der Geschichte Trojas, dass Herrscher sie über 2000 Jahre später zu politischen Zwecken einsetzen konnten. Elizabeth I. wurde nicht nur eine direkte Nachfahrin von Aeneas, sondern auch die Verkörperung der „Justitia", von der es in Vergils Eklogen hieß, dass sie zu Beginn der Eisenzeit von der Erde geflohen war. Nun kehrte sie als die jungfräuliche Königin wieder und mit ihr Britanniens Goldenes Zeitalter.

Dies erfuhr Elizabeth selbst aus Thomas Hughes' Tragödie *Das Unglück von Artus* (1588), die vor ihr in Greenwich aufgeführt wurde. Das Stück pries Elizabeth als tugendhafte Jungfrau, geboren zu Britanniens Glück, als einzigartigen Spross des Brutus, als süßen Rest von Priamos' Staat, als Hoffnung des aufragenden Troja.

Hughes' Stück spiegelt die Faszination der Briten für Troja im 16. Jahrhundert wider: Troja war nicht nur „in", sondern bot Stoff für neue Geschichten. In Spensers

Der Ostgotenkönig Theoderich zieht in Rom ein. Bis 493 hatte er den größten Teil Italiens erobert.

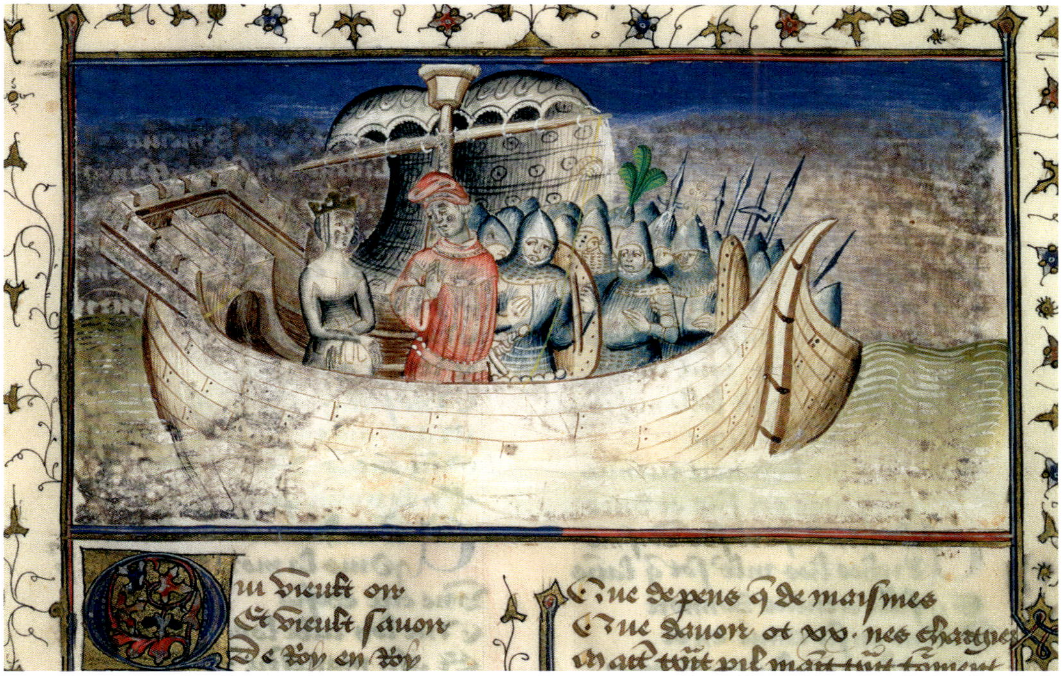

Darstellung von Brutus dem Trojaner, per Schiff unterwegs zur Gründung eines neuen Troja, in Geoffrey of Monmouths Historia regum Britanniae

The Faerie Queene (1590) hört König Artus von seiner trojanischen Abstammung und Britomart erfährt, dass sie mit Brutus verwandt ist. Spenser gab jedoch später zu, dass es unmöglich sei zu beweisen, dass es je so einen Brutus von England gab.

Im späteren 16. Jahrhundert geht es in Christopher Marlowes *Dido, Königin von Karthago* und *Die tragische Historie vom Doktor Faustus* um Helena von Troja. Philip Henslowe erwähnt ein Stück mit dem Titel *Die Unterwerfung des Brutus mit der ersten Gründung von Bath*, das das Rose-Theater in London aufführte. Im Globe am anderen Ende der Stadt griff auch Shakespeare das Thema Troja auf. In seinem *König Lear* und in *Cymbeline* geht es um britannische Könige nach Brutus; *Troilus und Cressida* basiert auf der *Ilias*; und in *Heinrich V.* spricht Pistol zu Fluellen die unsterblichen Worte: „Musst sterben, schnöder Troer."

Heute ist diese Anspielung nicht mehr verständlich, doch im 16. Jahrhundert konnte Shakespeare davon ausgehen, dass jeder im Publikum die Anspielung auf Troja verstand.

Das Interesse an Troja in der Tudorzeit brachte neue Übersetzungen der *Ilias* hervor, ein Trend, der im 16. Jahrhundert begann und bis heute anhält. Zu den berühmtesten englischen Fassungen gehören jene von George Chapman (ab 1598) und im 18. Jahrhundert die von Alexander Pope (erschienen 1715–1720). Auch wenn Pope letzten Endes gar nicht alles selbst übersetzte, wurde er durch die Verkäufe seiner *Ilias* zum reichen Mann.

Die erste deutschsprachige *Ilias*-Übersetzung begann 1537 Simon Schadenreisser. Anders als seine Übersetzung der *Odyssee* wurde sie jedoch nie abgeschlossen.

1610 erschien Johann Sprengs *Ilias Homeri. Das ist Homeri, deß vralten fürtrefflichen Griechischen Poeten, XXIIII. Bücher.* Bis weit ins 18. Jahrhundert war jedoch Vergils *Aeneis* die beliebteste Darstellung des Stoffs der *Ilias*. 1793 legte Johann Heinrich Voß seine Übersetzung der *Ilias* vor, in Hexametern,

Illustration zu Shakespeares Troilus und Cressida, das auf der Ilias basiert

wie das griechische Original. Gemeinsam mit Gustav Schwabs *Die schönsten Sagen des klassischen Altertums* machte sie die Helden Homers und den Kampf um Troja praktisch in jedem Kinderzimmer bekannt.

Übersetzungen und Nacherzählungen der *Ilias* finden bis heute reges Interesse. Die Belagerung und Einnahme von Troja ist ein fester Teil unseres literarischen und kulturellen Erbguts.

Neue Ilias-Interpretationen

Heute befassen sich ganze Forschungszweige mit den Texten Homers und Vergils oder erforschen die archäologischen Stätten in Mykene, Troja und dem Hethiterreich. Zahllose Bücher über Troja sind entstanden – Romane, Comics, historische Liebesgeschichten und Sachbücher. In der Popkultur finden sich viele Bezüge zu Troja. Zu den Songs gehören Bob Dylans „Temporary Like Achilles“ und Led Zeppelins „Achilles’ Last Stand“; die Synth-Rock-Band The Crüxshadows widmete Troja ein ganzes Album.

Auch das Fernsehen fand Wege, von der anhaltenden Beliebtheit Trojas zu profitieren: Doctor Who tauchte einmal in seiner TARDIS in Troja auf und brachte die Griechen auf die Idee mit dem hölzernen Pferd; Xena, die Kriegerprinzessin, reiste nach Troja, um ihrer Freundin Helena zu helfen. 2018 erschien die achtteilige Serie *Troja: Untergang einer Stadt*. Bereits 2003 erschien die Fernsehproduktion *Helena von Troja*.

Eine verbreitete Klage von Fachleuten und von Anhängern der Legende um Troja ist die Fülle an historischen Ungenauigkeiten, die die Fernsehproduktionen des Stoffs prägen. Die TV-Produktion *Helena von Troja* zum Beispiel versetzte die Handlung ins klassische Griechenland statt in die Bronzezeit und war ein Schnellschuss, der im Fahrwasser des Monumentalfilms *Troja* (2004) mitlaufen sollte. Dieser war zwar von der *Ilias* inspiriert, doch verzichtete er auf historische Genauigkeit und auf alle Versuche, Homer treu zu bleiben, sobald diese Schwierigkeiten bei der Verfilmung bereiteten. Die Götter treten in dem Film überhaupt nicht auf; Menelaos und Agamemnon werden getötet; und peruanische Lamas wandern über den Marktplatz.

Es ist leicht, sich über moderne Versuche, die Geschichte von Troja nachzustellen, lustig zu machen, besonders wenn sie aus Hollywood kommen. Doch sind auch diese

Von Aeneas zu Artus

In diesem Gemälde aus dem Jahr 1475 erleben die Ritter der Artusrunde eine Vision des heiligen Grals.

Geoffrey of Monmouths *Historia regum Britanniae* („Geschichte der Könige Britanniens") zufolge ist der britische König Artus auch der Nachkomme des Trojaners Aeneas. Das wird in der Ritterromanze des 14. Jahrhunderts *Sir Gawain und der grüne Ritter* aufgegriffen, vielleicht der berühmtesten Geschichte, die an die Artuslegende anknüpft:

Nach der Belagerung und der Erstürmung Trojas, als deren Burg zerstört und zu Asche gebrannt war und der Verräter für seinen Verrat bestraft war, segelte der noble Aeneas und seine Familie davon, um Fürsten und Schutzherren fast aller westlichen Inseln zu werden. So baute Romulus Rom (und gab der Stadt seinen eigenen Namen, den sie bis heute trägt); und Ticius wandte sich in die Toskana; und Langobard errichtete sich Wohnstätten in der Lombardei; und Felix Brutus segelte weit über die französischen Gewässer und gründete das Königreich Britannien, wo es Krieg gab und Wüsten und Wunder, und Glück und Unglück, oftmals seither. Und in diesem Königreich Britannien wurden mehr ritterliche Taten vollbracht als in irgendeinem anderen; doch von allen Britenkönigen war Artus der tapferste, wie ich sagen hörte, daher werde ich ein wundersames Abenteuer darlegen, das in seine Zeit fiel. – Sir Gawain und der grüne Ritter.

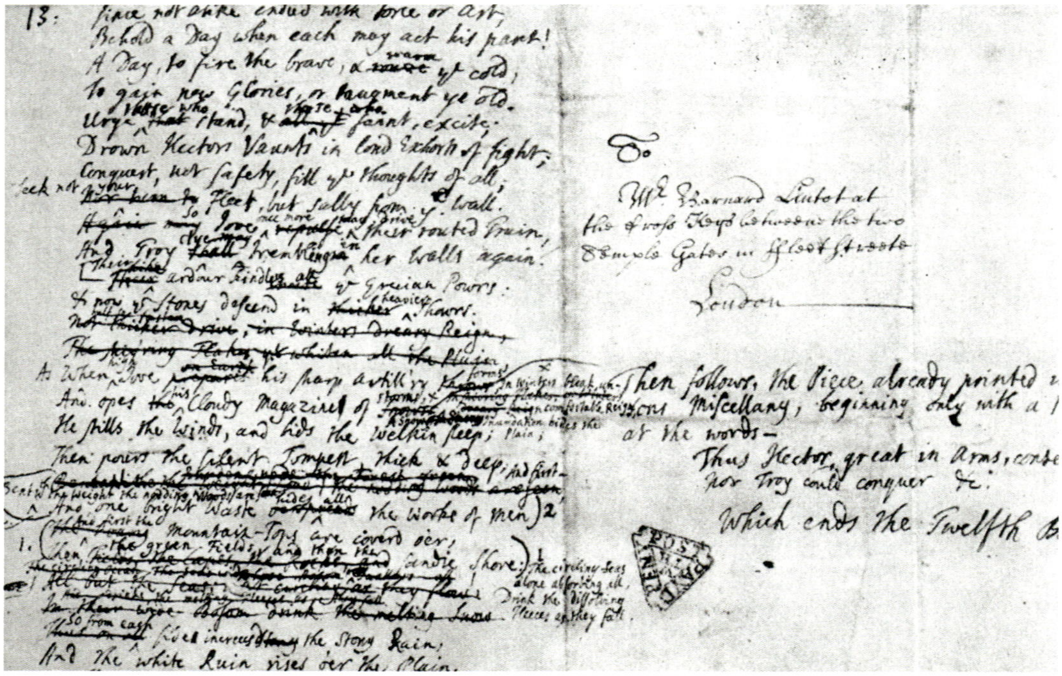

Ausschnitt aus Alexander Popes Übersetzung von Homers Ilias, hier für die Nachwelt auf eine Postkarte gekritzelt

ein Teil der 2800-jährigen Tradition der Geschichte in all ihren Formen. Troja wurde geknetet, verformt, bisweilen auch brutal verfälscht, doch die Erzählung wird nicht sterben, trotz ihrer endlosen Misshandlungen.

Poster für den Film Troja. Dieser ergänzt die Geschichte willkürlich um neue Motive wie das „Trojanische Schwert".

Zu den bemerkenswerteren Neufassungen der Geschichte gehören tatsächlich jene, die sich besonders weit vom homerischen Text entfernen. Eine moderne Fassung war Christopher Logues *War Music,* die Puristen mit ihren anachronistischen Metaphern und ihrem exzentrischen Gebrauch von Sprache aufbrachte. Logue verwendete viele moderne Ausdrücke bis hin zu einem Slogan einer Lippenstiftmarke zur Beschreibung des Bluts der Schlacht. Doch die Kraft seiner Version der Ilias lässt sich nicht leugnen, und der Dichter hat sicher recht, wenn er sagt, dass die Übersetzung von Homers großem Werk ihrerseits ein großes Werk sein muss.

Homer inspiriert bis heute große Dichtungen, ebenso wie er schlechte und populäre Filme und mittelmäßige Bühnenbearbeitungen inspiriert. Doch wie die Ergebnisse auch ausfallen, die *Ilias* lässt uns nicht los. Das Licht von Achills Helm, wie Logue es ausdrückt, „schreit quer über 3000 Jahre".

Griechenland zur Bronzezeit

Diese Karte zeigt die spätbronzezeitliche Ägäis und Westkleinasien um 1250 v. Chr. Die größeren mykenischen Stadtstaaten Pylos, Sparta, Tiryns und Mykene bildeten einen Ring um die zentrale Ebene von Argos auf der Peloponnes. Die königlichen Paläste dieser Städte brauchten große Reichtümer, um sich zu erhalten, und das Überfallen von Städten rings um die Ägäis war eine Einnahmequelle. Die Stadt Troja an der Nordwestecke Anatoliens, der heutigen Türkei, war eine reiche und vielleicht unwiderstehliche Beute. Hier, am südlichen Ende der Dardanelle, des schmalen Seewegs, der das Schwarze Meer und die Ägäis verbindet, sollen auf einem Strand unterhalb der Stadt Troja 1000 mykenische Schiffe angelegt haben.

Angeblich kampierten hier die Mykener zehn Jahre lang und belagerten die Stadt. Doch der Legende nach sollte es nur mit einer List den Kriegern möglich sein, die großen Mauern Trojas zu überwinden.

Bibliografie

Alexander, Caroline. *Der Krieg des Achill: Die Ilias und ihre Geschichte* (Berlin Verlag 2009)
Allen, Susan Heuck. *Finding the Walls of Troja: Frank Calvert and Heinrich Schliemann at Hisarlık Tepe* (University of California Press, 1999)
Blegen, Carl W. *Troja and the Trojans* (Praegar, 1963)
Bryce, Trevor. *Life and Society in the Hittite World* (Oxford University Press, 2004)
Burkett, Walter. *Greek Religion* (Basil Blackwell, 1985)
Cantarell, Eva. *Bisexuality in the Ancient World* (Yale University, 2002)
Carol G. Thomas und Craig Conant. *The Trojan War* (University of Oklahoma Press, 2005)
Castleden, Rodney. *The Attack on Troy* (Pen & Sword, 2006)
Cook, J. M. *The Troad: An Archeological and Topographical Study* (Clarendon Press, 1973)
Chadwick, John. *Die mykenische Welt* (Reclam, 1979)
Dickinson, Oliver T. P. K. *The Aegean Bronze Age* (Cambridge University Press, 1994)
Fields, Nic. *Mykenean Citadels C. 1350–1200 BC* (Osprey, 2004)
Finley, Moses I. *Die Welt des Odysseus* (dtv Wissenschaft, 1984)
Graves, Robert. *The Siege and Fall of Troja* (The Folio Society, 2005)
Griffin, Jasper. *Homer on Life and Death* (Oxford University Press, 1983)
Gurney, O. *Die Hethiter* (Verlag der Kunst, 1969)
Hanson, Victor Davis. *Die Kriege der griechischen Antike* (Brandenburgisches Verlagshaus, 2001)
Hertel, Dieter. *Troja: Archäologie, Geschichte, Mythos* (C. H. Beck, 2008)
Homer. *Ilias*, Übersetzungen von Johann Heinrich Voß (dtv, 2002); Roland Hampe (Reclam, 1986); Wolfgang Schadewaldt (Insel Taschenbuch 1992); Karl Ferdinand Lempp (Insel Verlag, 2009); Raoul Schrott (Fischer Taschenbuch, 2010)
Homer. *Odyssee*, Übersetzungen von Johann Heinrich Voß (dtv, 2002) Wolfgang Schadewaldt (Rowohlt Taschenbuch 2008); Kurt Steinmann (Penguin Verlag 2016)
Hughes, Bettany. *Helena of Troja: Goddess, Princess* (Jonathan Cape, 2005)
Junge, Friedrich. *Hymnus vom Sieg König Ramses' III. über die Seevölker in seinem 8. Jahr,* Texte aus der Umwelt des Alten Testaments. N. F. Bd. 2 (2005) 246 ff.
Kirk, G. S. *Homer and the Oral Tradition* (Cambridge University Press, 2010)
Latacz, Joachim. *Troia und Homer: Der Weg zur Lösung eines alten Rätsels* (Koehler & Amelang, 2010)
Lloyd, Alan B. (ed.). *Battle in Antiquity* (Gerald Duckworth & Co, 1996)
Luce, J. V. *Archäologie auf den Spuren Homers* (Lübbe Verlagsgruppe, 1982)
Logue, Christopher. *War Music: An Account of Homer's Ilias* (Faber & Faber, 2017)
Morris, Ian (ed.). *The Dark Ages of Greece* (Edinburgh University Press, 1 July 2009)
Nagy, Gregory. *The Best of Achaeans: Concepts of the Hero in Archaic Greek Poetry* (The Johns Hopkins University Press, 1998)
Nicolson, Adam. *The Mighty Dead, Why Homer Matters* (William Collins, 2014)
Oswald, Alice. *Memorial: An Excavation of the Ilias* (Faber & Faber, 2012)
Redfield, James M. *Nature und Culture in the Ilias: The Tragedy of Hektor* (Duke University Press Books, 1994)
Sanders, Nancy. *The Sea Peoples: Warriors of the Ancient Mediterranean, 1250–1150 BC* (Thames und Hudson, 1985)
Schein, Seth L. *The Mortal Hero: An Introduction to Homer's Ilias* (University of California Press, 1985)
Schofield, Louise. *The Mykeneans* (J. Paul Getty Trust Publications, 2007)
Siebler, Michael. *Troia: Mythos und Wirklichkeit* (Reclams Universalbibliothek, 2001)
Slatkin, Laura M. *The Power of Thetis: Allusion and Interpretation in the Ilias* (University of California Press, 1991)
Strauss, Barry. *Der Trojanische Krieg: Mythos und Wahrheit* (Theiss, Konrad, 2008)
Trail, David A. *Schliemann of Troja: Treasure and Deceit* (St. Martin's Griffin, 1995)
Tsountas, Chrestos. *The Mykenean Age, Study of the Monuments and Culture of Pre-Homeric Greece* (Kessinger, 2009)
Ventris, Michael. *Documents in Mykenean Greek* (Cambridge University Press, 1976)
Vergil. *Aeneis*, Übersetzungen von Johann Heinrich Voß (Anaconda 2010); Edith und Gerhard Binder (Reclams Universal-Bibliothek, 2012); Gerhard Fink (Albatros im Patmos Verlag, 2011)
Wace, A. J. B. *Mykene: an Archeological History and Guide* (Princeton University Press, 1949)
Wood, Michael. *In Search of the Trojan War* (BBC Books, 2008)

Register

Kursiv gesetzte Seitenzahlen beziehen sich auf Bildunterschriften.

Erstveröffentlichung unter dem Titel:
„TROY"

Genehmigte Lizenzausgabe
tosa GmbH
Industriestraße 19
64407 Fränkisch-Crumbach 2019
www.tosa-verlag.de

ISBN 978-3-86313-306-1

Bildrecherche: Terry Forshaw
Übersetzung: Dr. Ulrike Müller-Kaspar/
Die Textwerkstatt
Layout, Satz und Umschlaggestaltung:
design cat GmbH

Bildnachweis
AKG Images: 14 & 16 (Peter Connolly), 90 (CDA/Guillot), 101 (Peter Connolly), 104 & 107 & 111(Erich Lessing), 122 (Peter Connolly)
Alamy: 8 (Josse Christabel), 9 (Marshall Ikonography), 12 (Dennis Cox), 15 (Paul Fearn), 19 (Interfoto), 22 (Granger Collection), 23 (Images & Stories), 24 (World History Archive), 25 (National Geographic Creative/Thomas Blackshear), 26 (Museo Pics/Paul Williams), 27 (Paul Fearn), 30 (Museo Pics/Paul Williams), 31 (Gezmen), 34 (Gaertner), 35 (Images & Stories), 36 (Imagebroker/Martin Slepmann), 38 (Photo12/Archives Snark), 40 & 41 (Peter Horree), 45 (Paul Fearn), 46 (Lanmas), 47 (HIP/Fine Art Archive), 49 (World History Archive), 50 (MARKA/Patrick Frilet), 52 (HIP/Fine Art Archive), 54 (Ancient Art & Architecture), 56 (Massimo Piacentino), 59 (Hemis/Richard Soberka), 60 (Picade LLC/ Ali Kabas), 61 (Interfoto), 62 (Gezman), 63 (HIP/C M Dixon), 64 & 66 (Peter Horree), 68 (Prisma Archivo), 70 (Tades Yee), 72 (Classicpaintings), 73 (National Geographic Creative/H M Herget), 74 & 76 (Prisma Archivo), 77 (Mauritius Images/Walter Bibikow), 78 (Peter Horree), 79 (Interfoto), 82 (AGE Fotostock/Arturo Cano Mino), 83 (Peter Horree), 85 (Granger Collection), 87 (HIP/Fine Art Images), 88 (Art Collection 2), 93 (Prisma Archivo), 97 (HIP/Fine Art Images), 99 (Peter Horree), 100 (Classic Image), 103 (Granger Collection), 105 both (World History Archive), 106 (Lian Amihai), 109 (Art Collection), 115 (Travel), 117 (Classic Image), 120 (Paul Fearn), 124 (Artokoloro Quint Lox), 126 (Prisma Archivo), 127 (Artepics), 128 (HIP/Fine Art Archive), 133 (Interfoto), 134 (Prisma Archivo), 135 (Artokoloro Quint Lox), 136 (Pictorial Press), 138 (Lanmas), 140 (Falkenstein Heinz-Dieter), 141 (Prisma Archivo), 142 (Artepics), 143 (Azoor Photo), 146 (AGE Fotostock), 148 (Granger Collection), 150 (Roger Cracknell), 151 (Paul Fearn), 163 (Art Collection 2), 164 (North Wind Picture Archive), 165 (Adam Eastland Art & Architecture), 167 (North Wind Picture Archive), 168 (Artokoloro Quint Lox), 169 (Granger Collection), 172 (Peter Horree), 173 (Artokoloro Quint Lox), 175 (Lanmas), 176 (Peter Horree), 182 (Lanmas), 185 (Janzig/Egypt), 186 (Classic Image), 187 (Glasshouse Images/J T Vintage), 188 (Richard Baker Egypt), 195 (Peter Horree), 199 (Walker Art Gallery), 200 (World History Archive), 201 (Art Collection), 202 (HIP/Fine Art Images), 204 (Print Collector/Art Media), 206 & 208/209 (G L Archive), 210 (Ivy Close Images), 214 (G L Archive), 216 (Lebrecht), 217 (A F Archive)
Alamy/Chronicle: 69, 81, 118, 123, 130, 153, 154, 159, 198, 203, 205, 211, 212, 215
Amber Books: 197
Bridgeman Images: 42 & 43 (Look & Learn), 108 (Look & Learn), 213 (Biblioteque Nationale, Paris, France)
Depositphotos: 51 (PgKirich)
Dreamstime: 21 (Miragik), 71 (Antonio Gravante), 179 (Alex Zarubin), 180 (Znm)
Getty Images: 17 (UIG/Leemage), 33 (Corbis/Manuel Litran), 53 (Corbis/Kevin Fleming), 80 (UIG/Leemage), 110 (Print Collector/C M Dixon), 112 (Art & Architecture Collection), 125 (Giovanni Antonio Pellegrini), 152 (Hulton/Print Collector), 155 (Universal History Archive), 156 (Corbis/Leemage), 161 (Hulton/Culture Club), 170 (Superstock), 174 (Corbis/Araldo De Luca), 178 (Hulton/Print Collector)
Getty Images/DEA Picture Library: 6, 20, 48 (M Seemuller), 55 (L De Masi), 89, 92, 94/95 (Veneranda Biblioteca Ambrosiana), 98 (Dagli Orti), 114 (Veneranda Biblioteca Ambrosiana), 116 (Dagli Orti), 144, 160 (Dagli Orti), 181 (Archivo J. Lange), 190 (Dagli Orti), 193
Ben Hubbard: 177, 196
Press Association: 37 (Augstein/DPA)
Shutterstock: 129 (Brenda Kean), 147 (Alexey Belyaev), 158 (Dimitrios), 191 (Isabela Misczak)